ANDERE LÄNDER ANDERE SITTEN

100 Redewendungen im Gespräch

Gisela H. Lincoln

Illustrations by Inge Dormann

Newbury House Publishers, Inc.
Rowley, Massachusetts 01969
ROWLEY • LONDON • TOKYO
1982

Library of Congress Cataloging in Publication Data

Lincoln, Gisela H.
  Andere Länder, andere Sitten.

  English and German.
  1. German language--Idioms, corrections, errors.
I. Title
PF3460.L56   438.2'421   81-18821
ISBN 0-88377-221-3   AACR2

NEWBURY HOUSE PUBLISHERS, INC.

Language Science
Language Teaching
Language Learning

ROWLEY, MASSACHUSETTS 01969
ROWLEY • LONDON • TOKYO

Copyright ©1982 by Newbury House Publishers, Inc. All rights reserved. No part of this book may be reproduced or transmitted in any form or by any means, electronic or mechanical, including photocopying, recording, or by any information storage and retrieval system, without permission in writing from the Publisher.

Printed in the U.S.A.

First printing: October, 1982
  5   4   3   2   1

Preface

Dear Students,

As you know from your own experiences, it is rather difficult to learn a foreign language, especially the idioms. Their meanings are hard to guess, even if you can define each word. Beyond that they are not only difficult to memorize but also difficult to use in a sentence. Yet they occur so frequently that one cannot ignore them.

In the 20 units of this book, you will find a variety of idioms, all used in spoken as well as written German. Some of them are more complex than others, but all are part of modern usage. You will also notice that the same idiom is used seven times in each unit. Thus, you will have ample opportunity for practice before using each idiom yourself in stories and conversation.

Although each unit offers complete little sketches, a story line runs through all units. They describe the experiences of an American student during his year abroad in Munich where he shares an apartment with three German students. Eventually, the four of them become good friends. Some of the sketches describe customs, festivities, and problems he has in getting used to life in Germany. Others deal with everyday student problems: deadlines for papers, money (or lack thereof), cars and cops, and last but not least, friendship, love, and jealousy. You will soon realize that while life in Germany is, in some respects, more rigid than life in the U.S., there are still many occasions for fun and games. You might think at times that some story is quite unrealistic, but most of the events described have actually happened to a friend or to myself.

The vocabulary used in this book is quite basic and therefore appropriate for spoken as well as written German. You won't find any slang because students of German often have difficulty using it discerningly. However, you will find some Americanisms—"O.K." for example—which since World War II have become German favorites.

In the beginning units the sentence structure is quite simple but gradually increases in complexity. Thus, before opening this book, you should have a basic idea about cases, tenses, pronouns, adjectives, word order, and the passive voice. The subjunctive and conditional forms, however, will be used only in the last quarter of the book.

The object of *Andere Länder, andere Sitten* is to apply your German to everyday situations and have fun doing so. After all, you'll find yourself in all kinds of possible and impossible situations. You'll be amazed by how much you can do with what you have learned.

Viel Spaß!

Gisela H. Lincoln

Contents

        Preface   iii

Unit 1   Aller Anfang ist schwer   1

    jemandem Glück wünschen
    jemandem Spaß machen
    im Augenblick
    so bald wie möglich
    in Hülle und Fülle
    Sprichwort: Aller Anfang ist schwer!

Unit 2   Michael auf Wohnungssuche   5

    auf den ersten Blick
    ein Katzensprung
    jemandem gefallen
    jemandem recht sein
    wie ein König ohne Land
    Redensart: Mir fällt ein Stein vom Herzen.

Unit 3   Michael braucht Geld   9

    Geld wie Heu
    jemandem egal sein
    höchste Zeit
    Karriere machen
    Lust haben zu (+ *dative*)
    Sprichwort: Was Hänschen nicht lernt, lernt Hans nimmermehr.

Unit 4   Michaels Traumauto   13

    jemandem durch Mark und Bein gehen
    einen guten/schlechten Eindruck machen auf (+ *accusative*)
    beim besten Willen (+ *negation*)
    um ein Haar
    Pech haben
    Redensart: die Katze im Sack kaufen

Unit 5   Michaels Kochkünste   19

    eine ganze Weile
    an der Reihe sein mit (+ *dative*)
    es/das tut mir leid
    etwas aus dem Kopf tun können
    im Ernst
    Sprichwort: Hunger ist der beste Koch.

Unit 6 Der fünfte Wohnungskollege 25
    mit jemandem los sein
    nichts/etwas dagegen haben
    auf Schritt und Tritt
    Schluß machen mit (+ *dative*)
    früher oder später
    Sprichwort: Lügen haben kurze Beine.

Unit 7 Ärger mit dem Hauswirt 31
    außer Rand und Band sein
    jemandem Schwierigkeiten machen
    ein Auge zudrücken
    jemandem Unrecht tun
    mit Mühe und Not
    Sprichwort: Hunde, die bellen, beißen nicht.

Unit 8 Das Oktoberfest 37
    sich etwas in den Kopf setzen
    zum Beispiel
    eine Rolle spielen
    ab und zu
    Bescheid wissen
    Sprichwort: Irren ist menschlich.

Unit 9 Irren ist menschlich 43
    von Kopf bis Fuß
    in der letzten Zeit
    Kopf hoch!
    recht haben
    sein Geld zum Fenster hinauswerfen
    Redensart: Mal den Teufel nicht an die Wand!

Unit 10 Radtour nach Kloster Andechs 51
    nicht der Rede wert sein
    mit Leichtigkeit
    sich auf den Weg machen
    für nichts und wieder nichts
    ganz im Gegenteil
    Sprichwort: Auf Regen folgt Sonnenschein.

Unit 11 Ein Weihnachtsgeschenk für die ganze Familie 57
    in aller Ruhe
    es geht drunter und drüber
    sich den Kopf zerbrechen über (+ *accusative*)
    vor allen Dingen
    nichts wissen wollen von (+ *dative*)
    Redensart: munter wie ein Fisch im Wasser

Unit 12　Pläne für die Weihnachtsferien　63
　　　　im Grunde genommen
　　　　jemanden im Stich lassen
　　　　mit eigenen Augen sehen
　　　　die Gelegenheit wahrnehmen
　　　　ehrlich gesagt
　　　　Redensart: mehr Glück als Verstand haben

Unit 13　Michael, der Pechvogel　67
　　　　etwas zustande bringen
　　　　leider Gottes
　　　　im Eimer sein
　　　　jemandem zuliebe
　　　　in der Zwischenzeit
　　　　Redensart: die Flinte ins Korn werfen

Unit 14　Geschwindigkeit kann teuer sein　73
　　　　keinen Sinn haben
　　　　in der Klemme sitzen
　　　　aus eigener Erfahrung wissen
　　　　unterwegs sein
　　　　kein Mensch
　　　　Redensart: mit einem blauen Auge davonkommen

Unit 15　Der Fasching　79
　　　　etwas satt haben
　　　　tagaus, tagein
　　　　den Verstand verlieren
　　　　im Handumdrehen
　　　　meiner Meinung nach
　　　　Redensart: den Nagel auf den Kopf treffen

Unit 16　Langeweile macht alt　85
　　　　mit einem Mal
　　　　drauf und dran sein
　　　　in aller Seelenruhe
　　　　auf frischer Tat
　　　　die Schultern zucken
　　　　Sprichwort: Wer nicht wagt, der nicht gewinnt.

Unit 17　Der Polterabend　91
　　　　keine Ahnung haben von (+ *dative*)
　　　　Angst haben for (+ *dative*)
　　　　etwas in Kauf nehmen
　　　　von mir aus
　　　　seit eh und je
　　　　Sprichwort: Einem geschenkten Gaul schaut man nicht ins Maul.

Unit 18	Gleiche Rechte, gleiche Pflichten	97

        schließlich und endlich
        nicht in Frage kommen
        jemanden in Frieden lassen
        in Ordnung
        in Zukunft
        Redensart: große Rosinen im Kopf haben

Unit 19	Noch eine Verlobung	105

        Hals über Kopf
        sich klar sein über (+ *accusative*)
        jemandem einen Gefallen tun
        auf jeden/keinen Fall
        imstande sein
        Redensart: etwas nicht über's Herz bringen können

Unit 20	Abschied	109

        keine andere Wahl haben
        ja und amen sagen zu (+ *dative*)
        mein ganzes Leben lang
        auf eigenen Füßen stehen
        jemandem einen Vorschlag machen
        Sprichwort: Ende gut, alles gut!

Proverbs and Idiomatic Expressions   113

Idioms and Their Alternatives   115

Vocabulary (German to English)   121

ANDERE LÄNDER
ANDERE SITTEN

Unit 1

Aller Anfang ist schwer!

1. jemandem Glück wünschen

   (das Glück   *luck, happiness*)

2. jemandem Spaß machen

   (das macht mir Spaß)
   (der Spaß, ⸚e,   *fun, amusement, joke*)

3. im Augenblick
   (der Augenblick, -e   *moment*)

4. so bald wie möglich

5. in Hülle und Fülle
   (die Hülle, -n   *wrap, cover,*
   die Fülle   *abundance, profusion*)

to wish someone the best, luck, happiness, success

to have fun with, to amuse someone
(that is fun, amuses me.)

at present, at the moment

as soon as possible

in abundance, plenty of

Michael Fodden in einem Restaurant

MICHAEL: Guten Tag! Darf ich mich zu Ihnen setzen? Es ist leider kein Tisch mehr frei.

GAST: Bitte, gern!

MICHAEL: Vielen Dank! Das ist sehr nett von Ihnen.

GAST: Sie sind kein Deutscher, nicht wahr?

MICHAEL: Nein, ich bin Amerikaner. Ich bin erst seit gestern in München.

GAST: Ihr Deutsch ist aber sehr gut. Wo haben Sie es gelernt?

MICHAEL: Ich studiere Deutsch und Psychologie in Amerika. Jetzt will ich ein Jahr in München studieren.

GAST: Na, ich *wünsche Ihnen* viel *Glück*. Das Studium *macht Ihnen* bestimmt *Spaß*. Wo wohnen Sie denn?

MICHAEL: *Im Augenblick* wohne ich noch im Hotel, aber ich will mir *so bald wie möglich* eine eigene Wohnung suchen. Ist es leicht, in München eine Wohnung zu finden?

GAST: Teure Wohnungen gibt es *in Hülle und Fülle*, aber billige Wohnungen sind sehr schwer zu finden.

MICHAEL: Wieviel kostet denn eine billige Wohnung?

GAST: Auch die billigen Wohnungen kosten noch eine ganze Menge. Essen Sie lieber erst. Wenn ich Ihnen das jetzt schon sage, haben Sie keinen Appetit mehr auf Ihr Mittagessen.

Exercises

A. Use the English cues to complete the sentences below with idioms you have learned in this Unit. Be sure to use forms that fit the grammar of the sentences.

ZIMMERMÄDCHEN: Was wollen Sie denn in München tun?

MICHAEL: _____ _____ will ich mir eine Wohnung suchen. (*at the moment*) Ich will_____ _____ ____ _____ aus dem Hotel ausziehen. (*as soon as possible*)

ZIMMERMÄDCHEN: Eine Wohnung finden Sie nur, wenn Sie Geld ___ _____ ____ _____ haben. (*in abundance*) Die Mieten in München sind enorm hoch.

MICHAEL: Aber was kann ich denn nur machen?

ZIMMERMÄDCHEN: Suchen Sie doch eine Wohngemeinschaft! Drei oder vier Studenten wohnen zusammen in einer Wohnung und teilen sich die Miete. Es ist besser als im Studentenheim, und es _____ Ihnen bestimmt _____, mit deutschen Studenten zusammenzuwohnen. (*... is fun*)

MICHAEL: Das ist eine gute Idee. Das werde ich tun.

ZIMMERMÄDCHEN: Na, ich _____ _____ viel _____ bei der Suche! (*... wish you luck*)

B. Rewrite the sentences below, in each case replacing the words in italics with an idiom you have learned.

Reminder: die Freude, -n   pleasure, joy, fun
schnell   fast, rapid
der Erfolg, -e   success
der Überfluß   abundance
augenblicklich   at the moment, momentarily

1. Sie wollen ein Jahr in München leben? Das wird *Ihnen* sicher viel *Freude machen.* München ist eine interessante Stadt. _____

2. Das Hotel ist viel zu teuer für Michael. Er will sich *so schnell wie möglich* eine eigene Wohnung suchen. _____

3. Was, Sie suchen eine Wohnung? Na, da *wünsche ich Ihnen* guten *Erfolg!* _____

4. Teure Wohnungen gibt es in München *im Überfluß*, aber Michael kann die hohen Mieten nicht bezahlen. _____

5. *Augenblicklich* kennt Michael niemanden in München, aber er wird sicher bald Freunde finden. _____

C. Please answer the following questions in class.

1. Was sucht Michael in München?
2. Was ist Michaels größtes Problem?
3. Welchen Vorschlag macht das Zimmermädchen?
4. Was finden Sie besser, eine Wohngemeinschaft oder ein Studentenheim?

D. Imagine that you are Michael. Write a short letter home telling your parents about the person you met in the restaurant and the chambermaid you met in the hotel. Describe the difficulties you had finding a room. Ask for money! Use as many of the idioms as seem appropriate.

Sprichwort:

Es ist wirklich nicht leicht für Michael, sich in München einzuleben. Naja, er wird sich schon an die Bayern gewöhnen. *Aller Anfang ist schwer!*

Unit 2

Michael auf Wohnungssuche

1. auf den ersten Blick
   (der Blick, -e *sight, look*)
   at first sight

2. ein Katzensprung
   (der Sprung, ⸚e *jump*;
   die Katze, -n *cat*)
   nearby, a stone's throw from here

3. jemandem gefallen*
   (das gefällt mir)
   to please someone
   (that pleases me, I like that)

4. jemandem recht sein*
   (das ist mir recht)
   to be all right with someone
   (that is all right with me)

5. wie ein König ohne Land
   (der König, -e *king*;
   das Land, ⸚er *country*)
   like a fish out of water

München, Amalienstraße 15. Es klingelt an der Wohnungstür.

MICHAEL: Guten Tag! Ich möchte gern mit Fräulein Baumann sprechen. Ich heiße Michael Fodden und komme wegen der Wohnungsanzeige in der Zeitung.

URSULA: Ah so! Ich bin Ursula Baumann. Kommen Sie doch bitte herein, Herr Fodden! Sie sind Amerikaner, nicht wahr?

MICHAEL: Sehen Sie das *auf den ersten Blick*?

URSULA: Nein, natürlich nicht! Aber Sie haben einen amerikanischen Akzent. Unsere Wohnung hat sechs Zimmer, und ich wohne hier mit zwei anderen Studenten, Sabine Metzler und Thomas Schulz. Zur Universität ist es nur *ein Katzensprung*.

MICHAEL: Die Wohnung *gefällt mir* sehr gut. Was kostet sie?

URSULA: Die Miete ist 1.000,— DM im Monat; das sind monatlich 250,— DM pro Person.

MICHAEL: Naja, das sind ungefähr 125,— $. Soviel muß ich in Cambridge auch bezahlen. *Das ist mir recht.* Und wann kann ich einziehen?

---

*irregular verb; check for conjugation in Vocabulary section, p. 121.

URSULA: Wenn Sie wollen, noch heute. Haben Sie viel Gepäck?

MICHAEL: Nein, nein, nur zwei Koffer und einen Kasten Löwenbräu.

URSULA: Na, Herr Fodden, Sie sind ja schon wie zu Hause in München. Ein Münchner ohne Bier ist *wie ein König ohne Land.*

Exercises

A. Use the English cues to complete the sentences below with idioms you have learned in this Unit. Be sure to use forms that fit the grammar of the sentences.

URSULA: Denkt euch, wir haben endlich einen neuen Wohnungskollegen. Er heißt Michael Fodden und ist ein amerikanischer Student. Ich hoffe, das _____ _____ _____ . (. . . *is all right with you*) Er war mir _____ ____ _____ _____ sympathisch. (*at first sight*) Er _____ _____ sehr gut. (*I like . . .*)

SABINE: Hat er ein Auto?

URSULA: Er braucht doch keinen Wagen. Zur Universität ist es doch nur _____ _____ _____ . (*a stone's throw from here*)

SABINE: Ja, aber ein Amerikaner ohne Auto ist _____ _____ _____ _____ _____ . (*like a fish out of water*)

URSULA: Michael Fodden ist vielleicht _____ _____ _____ _____ _____ . (*like a fish out of water*) Aber nicht ohne Bier. Er bringt nämlich einen Kasten Löwenbräu mit.

THOMAS: Dann ist er bestimmt der richtige Mann für uns.

B. Rewrite the sentences below, in each instance replacing the words in italics with an idiom you have learned.

Reminder:
sofort	right away, immediately
etwas gut finden*	to find something good, to like
wichtig	important
weit	far
einverstanden sein* mit (+ *dative*)	to agree to/with

1. Michael ist Ursula *sofort* sympathisch. _____

2. Michael *findet* die Wohnung *sehr gut*. Die Wohnung . . . _____

3. Für einen Münchner ist Bier sehr *wichtig*. Ein Münchner ohne Bier ist wie ...
   _____
   _____

4. Von der Wohnung ist es *nicht weit* zum Bahnhof. _____
   _____

5. Thomas und Sabine, Michael Fodden ist unser neuer Wohnungskollege. Ich hoffe, *ihr seid einverstanden mit ihm*. _____
   _____

C. Complete the sentences in the dialogue below with appropriate idioms. You may need to use one from the preceding Unit.

MICHAEL: Fräulein Baumann, hat die Wohnung auch eine Garage? Ich möchte mir _____ _____ _____ ein Auto kaufen.

URSULA: Aber Herr Fodden! Sie brauchen doch keinen Wagen. Wir wohnen doch nicht auf dem Land, und zur Innenstadt ist es nur _____ _____ .

MICHAEL: Das stimmt, aber Sie wissen doch, ein Amerikaner ohne Auto ist wie _____ _____ _____ _____ .

URSULA: Eine Garage gibt es hier im Haus aber nicht. Sie müssen den Wagen auf der Straße parken. Was für ein Wagen _____ _____ denn?

MICHAEL: Ein roter VW-Golf. Es ist Liebe _____ _____ _____ _____ !

URSULA: Mein Gott, Herr Fodden, sind Sie immer so romantisch?

MICHAEL: Nein, nein, aber ein roter VW-Golf ist nun einmal mein Traum.

URSULA: Na, wenn Sie genug Geld für diesen Traum haben, dann _____ ____ _____ _____ .

D. Make up a dialogue with a partner and present it to your class. In this dialogue, exchange ideas about the house of your dreams, telling where it would be, how large, how much you would be willing to pay per month, etc. Use idiomatic expressions wherever possible to liven up your description.

E. Write one paragraph about your own or your parents' real apartment or house. Use as many idioms as you can reasonably fit into your description.

(Optional)

F. Working with a partner, act out the scenes that would take place if someone were to make phone calls in response to the following ads, placed in the Munich daily "Abendzeitung." Take turns playing the part of the landlord and that of the prospective renter.

---
3 Studenten (5. Sem.) suchen
PARTNER(IN)
für Wohngemeinschaft 1. Aug.
Tel. 86 96 29

SCHELLINGSTR. 10
1-Zimmer-Wohng., 35 qm, 850 DM, ab 1. Sept., Tel. 92 87 45

STUDENT(IN) GESUCHT
für Wohngemeinschaft in Schwabing, ab sofort. Tel. 92 54 67

STUDIO FREI
nahe Universität, 750 DM, ab Okt., Tel. 92 31 82

Redensart

Ich habe endlich eine Wohnung gefunden.
Mir fällt ein Stein vom Herzen.

Unit 3

Michael braucht Geld

1. Geld wie Heu
   (das Geld, -er *money*;
   das Heu *hay*)
       a lot of money, money galore

2. jemandem egal sein*
       to make no difference to someone, not to care about something
   (das ist mir egal)
       (it makes no difference to me)

3. höchste Zeit
   (die Zeit, -en *time*)
       high time

4. Karriere machen
       to advance in a career, to climb the ladder
   (die Karriere, -n *career*)

5. Lust haben* zu (+ *dative*)
       to like to do something, to feel like doing something
   (die Lust, ⸚e *pleasure, enjoyment*)

MICHAEL: Fräulein Baumann, ich habe noch drei Wochen Ferien. Wenn ich mir einen roten VW-Golf kaufen will, brauche ich viel Geld. Wissen Sie, wo ich eine Arbeit finden kann?

URSULA: Ich dachte, Sie haben *Geld wie Heu*. Was für eine Arbeit suchen Sie denn?

MICHAEL: *Das ist mir egal.* Wenn ich nur viel Geld verdienen kann.

URSULA: Kennen Sie das italienische Restaurant „Bologna"? Sie können dort vielleicht als Tellerwäscher in der Küche arbeiten.

MICHAEL: Oh je, ich kann aber keine Teller waschen. Zu Hause in Amerika macht meine Mutter das immer, und außerdem haben wir eine Geschirrspülmaschine.

URSULA: Na, dann ist es *höchste Zeit*, daß Sie es lernen. Ich habe eine gute Idee. In der Küche steht unser schmutziges Geschirr von den letzten drei Tagen. Wenn Sie das spülen, lernen Sie genug. Dann können Sie im „Bologna" *Karriere machen*.

MICHAEL: *Dazu habe ich* wirklich keine *Lust*. Ich kaufe mir lieber ein billigeres Auto.

Exercises

A. Use the English cues to complete the sentences below with idioms you have learned in this Unit. Be sure to use forms that fit the grammar of the sentences.

URSULA: Michael, wir müssen heute Geschirr waschen. Es ist wirklich _____ _____ ! (*high time*) Wollen Sie lieber spülen oder abtrocknen?

MICHAEL: Das _____ _____ _____ . (*... makes no difference to me*) Ich _____ aber wirklich keine _____ _____ ! (*... feel like doing that*) Können wir denn keine Geschirrspülmaschine kaufen?

URSULA: Wenn Sie im „Bologna" _____ _____ , verdienen Sie bald _____ _____ _____ . (*... climb the ladder*) (*a lot of money*) Dann können Sie sogar zwei Geschirrspülmaschinen kaufen. Eine für uns, und eine für's „Bologna".

B. Rewrite the sentences below, in each instance replacing the words in italics with an idiom you have learned.

Reminder: dringend nötig — urgently needed, necessary
jemandem einerlei sein* — to make no difference to someone, not to care about something
der Beruf, -e — profession, occupation, job

1. Pierres Vater ist Millionär. Er hat *viel Geld*. _____

2. Michael, der Kühlschrank ist leer. Est is *dringend nötig*, daß wir Lebensmittel kaufen. _____

3. Pierre möchte ins Kino gehen, aber Michael und Ursula *wollen nicht*. _____

4. Trinken Thomas und Sabine lieber Bier oder Wein? — Ich glaube, *es ist ihnen einerlei*. _____

5. Pierre will nächstes Jahr bei BMW arbeiten. Er will unbedingt *Erfolg im Beruf haben*. _____

C. Complete the sentences in the dialogue below with appropriate idioms. You may need to use one from the preceding Unit.

MICHAEL: Grüß dich, Pierre! Wie geht's? Darf ich dir Fräulein Baumann vorstellen? Fräulein Baumann, dies ist Pierre Sauvage.

URSULA: Guten Abend, Herr Sauvage. Ich habe schon viel von Ihnen gehört.

PIERRE: Bitte, setzen Sie sich doch. Möchten Sie lieber Bier oder Wein trinken?

URSULA: Das _____ _____ _____ . Ich trinke beides gern.

MICHAEL: Oder wollen wir Sekt bestellen? _____ ihr _____ _____ ?

URSULA: Das ist aber teuer. Sie müssen ja _____ _____ _____ haben, Herr Fodden.

MICHAEL: Jetzt noch nicht. Aber wenn ich als Tellerwäscher im „Bologna" _____ _____ , können wir jeden Tag Sekt trinken.

URSULA: Na, Herr Fodden, Sie sind ja optimistisch.

MICHAEL: Ich glaube, es ist _____ _____ , daß wir „Du" zueinander sagen. Ist _____ das _____ , Fräulein Baumann?

URSULA: Das ist eine gute Idee. Also dann, Prost Michael, Prost Pierre!

MICHAEL UND PIERRE: Prost, Ursula!

D. In preparation for writing to your parents with another request for money, try out some arguments or explanations of your needs on a friend. Mention inflation, your need for more things as you get older, the fact that books are essential to a student and cost a lot, etc. Use idioms where you can to emphasize your position.

E. Make a written list of your expenses, in German, for the past week. (These can be real or imaginary.) Then write a letter to your parents, enclosing the list with a justification of each expense, as a way of showing that you really do need more money.

(Optional)

F. You are looking for a summer job. Working with a partner, act out the conversations with the people who placed the following ads in the Munich daily "Süddeutsche Zeitung." Take turns playing the part of the prospective employee and that of the prospective employer.

Junger Mann gesucht für
LEICHTE GARTENARBEIT
3 x 2 Std. pro Woche, Tel. 95 82 79

Suche Nachhilfelehrer(in)
ENGLISCH
5 Std. wöchentl. für Aug.
Tel. 42 18 95

RESTAURANT „BOLOGNA"
sucht für August
Tellerwäscher(in)
Kellner(in)
Sekretärin
Tel. 87 97 79

STUDENTEN! STUDENTINNEN!
Wir haben Ferienjobs für Sie!
Gute Bezahlung!
Lohmann   Personalservice   O.K.
Tel. 35 12 12

Vocabulary

leicht	easy, light
die Gartenarbeit, -en	gardening
die Stunde, -n (*abbr.* Std.)	hour
der Nachhilfelehrer, -	tutor
wöchentlich	weekly
der Tellerwäscher, -	dishwasher (*person*)
der Kellner, -	waiter
die Sekretärin, -nen	secretary
der Ferienjob, -s	summer job
die Bezahlung	pay, salary

Sprichwort

Michael, es ist höchste Zeit, daß du Geschirrspülen lernst.
Was Hänschen nicht lernt, lernt Hans nimmermehr.

Unit 4

Michaels Traumauto

1. jemandem durch Mark und Bein gehen*
   (das geht mir durch Mark und Bein)
   (das Mark *marrow*; das Bein, -e *bone*)

   to set someone's teeth on edge
   (it sets my teeth on edge)

2. einen guten/schlechten Eindruck machen auf (+ *accusative*)
   (der Eindruck, ⸚e *impression*)

   to make an impression on someone (*used mostly with* good *or* bad)

3. beim besten Willen (+ *negation*)

   (der Wille[n] *will*)

   not for the life of me, as much as one should like to

4. um ein Haar

   (das Haar, -e *hair*)

   within a hair's breadth, very nearly

5. Pech haben*
   (das Pech *bad luck*)

   to be in trouble, to have no luck

URSULA: Grüß dich, Michael! Was war denn das für ein schrecklicher Lärm auf der Straße? Das *ging mir* ja *durch Mark und Bein.*

MICHAEL: Das war kein schrecklicher Lärm. Das war mein Auto!

URSULA: Mein Gott, Michael! Du hast dir also wirklich ein Auto gekauft?

MICHAEL: Naja, du weißt doch, ein Amerikaner ohne Auto . . .

URSULA: . . . ist wie ein König ohne Land! Ist es denn nun auch dein Traumauto, ein roter VW-Golf?

MICHAEL: Rot ist er, ein VW ist er, aber ein Golf ist er nicht.

URSULA: Sondern?

MICHAEL: Sondern ein 1965er Käfer.

URSULA: Da hast du dir aber eine Nuckelpinne gekauft.

MICHAEL: Nein, gar nicht! Das Auto *macht* von außen *einen* sehr guten *Eindruck*. Und es war billig. Ich konnte *beim besten Willen nicht* mehr Geld bezahlen.

URSULA: Und warum macht der Käfer so einen schrecklichen Lärm?

MICHAEL: Der Auspuff ist kaputt. Ich bin *um ein Haar* nicht mehr nach Hause gekommen.

URSULA: Da *hast du* aber *Pech gehabt.* Wenn das nur nicht so weitergeht! Sonst wird aus deinem Traum ein Alptraum.

Exercises

A. Use the English cues to complete the sentences below with idioms you have learned in this Unit. Be sure to use forms that fit the grammar of the sentences.

URSULA: Denk dir, Sabine, Michael hat sich einen 1965er Käfer gekauft. Auf den ersten Blick _____ er _____ guten _____ , aber der Motorlärm _____ _____ _____ _____ _____ _____ . (*...makes a good impression*) (*...sets my teeth on edge*) Der Auspuff ist total verrostet. Michael ist _____ _____ _____ nicht mit dem Wagen nach Hause gekommen. (*very nearly*)

SABINE: Der arme Michael! Da _____ er aber _____ _____ . (*...has had no luck*) Bei so einem alten Wagen kann er aber _____ _____ _____ nichts anderes erwarten. (*as much as he would like to*)

B. Rewrite the sentences below, in each instance replacing the words in italics with an idiom you have learned.

Reminder: beinahe   almost
              um keinen Preis   in no way, on no account
              aussehen*   to appear, look
              das Glück   luck, happiness
              ohrenbetäubend   deafening

1. Michael ist heute bei einem Fußballspiel. Er hat aber *beinahe* keine Eintrittskarte mehr bekommen. _____
   _____

2. Er konnte nämlich zuerst *um keinen Preis* einen Parkplatz finden. _____
   _____

3. Der Verein München 1860 spielte gegen den Hamburger Sportverein. Der HSV *sah* sehr *gut aus*. _____
   _____

4. Die Verteidigung *hatte* aber *kein Glück*, und der HSV verlor das Spiel 2 : 4. _____
   _____

5. Bei jedem Tor jubelten die Münchner Zuschauer. Der Lärm *war ohrenbetäubend.* _____
   _____

C. Complete the sentences in the dialogue below with appropriate idioms. You may need to use one from the preceding Unit. Be sure to use the appropriate verb forms; some of these require the simple past, and in the last one you will need the infinitive.

URSULA: Denk dir, Thomas, gestern haben Michael und Pierre fast einen Unfall gehabt.

THOMAS: _____ sie wieder _____ mit dem Auto?

URSULA: Nein, nein! Sie waren zum Einkaufen in der Kaufingerstraße. Plötzlich quietschten hinter ihnen Autobremsen, daß es ihnen _____ _____ _____ _____ . Das Auto hat sie ____ _____ _____ angefahren.

THOMAS: In der Kaufingerstraße? Aber das ist doch eine Fußgängerstraße. Das kann ich aber _____ _____ _____ nicht verstehen.

URSULA: Natürlich ist es eine Fußgängerstraße, und der Autofahrer durfte dort nicht fahren. Aber das _____ _____ . Er schimpfte nur auf Michael und Pierre und fuhr weiter.

THOMAS: Der Kerl war wohl total verrückt!

URSULA: Oder betrunken! Die Münchner Autofahrer müssen ja wirklich _____ sehr schlechten _____ auf Pierre und Michael _____ .

D. Please respond to the following questions in class.

1. Was ist Ihr Lieblingsauto? Warum?
2. Ist es besser, amerikanische oder ausländische Autos zu kaufen?
3. Gibt es zuviel Verkehr in den meisten Städten?
4. Ist eine Fußgängerzone eine gute *und* praktische Idee in einer Stadt?
5. In Amerika darf man schon mit 16 Jahren autofahren, in Deutschland aber erst mit 18. Ist 16 zu jung? Was meinen Sie?

E. Write a letter to your grandparents trying to convince them to contribute some money—perhaps $500.00—to the purchase of your first car. As arguments, tell them how much you need one, how all your friends have cars, how no student can get along without a car, or similar arguments, and then tell them what a fantastic deal your best friend's cousin can get you. Try to make your position more convincing by using idioms wherever you can.

(Optional)

F. Form teams with your classmates with each team preparing to defend one of the cars listed below as the best buy for a student. Please enter into a class discussion or debate.

1. VW-Käfer, 34 PS, rot, guter Zustand, 1.200,— DM
2. Golf L Diesel, 5 Mon. alt, 600 km, unfallfrei, gelb, Neupreis 14.850,— DM, jetzt nur 11.950,— DM
3. Porsche 911 Targa, Baujahr 76, braun, 5 Gänge, Spoiler, 69.000 km, 19.500,— DM
4. BMW 318, Baujahr 78, weiß, 38.000 km, unfallfrei, Neupreis 20.000,— DM, jetzt nur 12.000,— DM

Vocabulary

der Zustand, ⸚e	state, condition
die Pferdestärke, -n (*abbr.* PS)	horsepower
unfallfrei	without accident
der Neupreis, -e	factory price
das Baujahr, -e	model year (for cars)
der Gang, ⸚e	gear
der Spoiler -	spoiler

Redensart

Warum hast du dir das Auto denn nicht ganz genau angesehen, bevor du es gekauft hast? *Du hast die Katze im Sack gekauft.*

Unit 5

Michaels Kochkünste

1. eine ganze Weile
   (die Weile *[space of] time, while*)
   for quite a while

2. an der Reihe sein* mit (+ *dative*)
   (ich bin an der Reihe)
   (die Reihe, -n *row, file, turn*)
   to be one's turn
   (it is my turn)

3. es/das tut* mir leid
   I am sorry about that

4. etwas aus dem Kopf tun* können*
   to be able to do something by heart
   (ich kann das Lied aus dem Kopf singen)
   (I can sing the song by heart)
   (der Kopf, ⸚e *head*)

5. im Ernst
   (der Ernst *seriousness*)
   seriously, no joke

URSULA: Michael, du bist jetzt schon *eine ganze Weile* bei uns. Ich glaube, *du bist* jetzt mit dem Kochen *an der Reihe*.

MICHAEL: Das Mittagessen oder das Abendessen?

URSULA: Abends essen wir doch nur belegte Brote. Gestern mittag hat Sabine Sauerbraten mit Knödeln gekocht, eine bayrische Spezialität. Kannst du heute mittag vielleicht eine amerikanische Spezialität kochen?

MICHAEL: Aber Ursula, ich kann doch gar nicht kochen. Zu Hause in Amerika ...

URSULA: ... macht deine Mutter das immer. Also höchste Zeit, daß du es auch lernst. Kannst du denn wirklich überhaupt nicht kochen?

MICHAEL: *Es tut mir leid*, aber *ich kann* nur ein Rezept *aus dem Kopf*. Hamburger vom Grill.

URSULA: Um Himmels Willen, Michael! Wir sind doch keine Kannibalen! Weißt du denn kein anderes Rezept?

MICHAEL: Doch, Cheeseburger.

URSULA: Und was ist das?

MICHAEL: Hamburger mit Käse.

URSULA: Oh, Michael! *Im Ernst*, in Deutschland heißen eure amerikanischen „Hamburger" Frikadellen. „Hamburger" heißen hier nur die Bewohner von Hamburg.

Exercises

A. Use the English cues to complete the sentences below with idioms you have learned in this Unit. Be sure to use forms that fit the grammar of the sentences.

THOMAS: Michael, du bist ja schon _____ _____ _____ in der Küche. (*for quite a while*) Bist du heute mit dem Kochen _____ _____ _____ ? (*...your turn*)

MICHAEL: Ja! Ich will Leberkäse machen, aber ich kann das Rezept noch nicht so genau _____ _____ _____ . (*by heart*) Willst du einmal probieren?

THOMAS: Das Fleisch schmeckt ja schrecklich! Willst du uns alle vergiften?

MICHAEL: Oh je! Es _____ _____ _____ , Thomas, aber das will ich wirklich nicht. (*I am sorry*)

THOMAS: _____ _____ , Michael, ich glaube, du hast nicht Salz, sondern Zucker an das Fleisch getan. (*Seriously*)

B. Rewrite the sentences below, in each instance replacing the words in italics with an idiom you have learned.

Reminder:	ziemlich lange	for quite some time, quite a while
	bedauern	to regret
	etwas auswendig können*	to be able to do something by heart
	Spaß beiseite	no joke, seriously
	dran sein*	to be one's turn

1. Na, Michael, du bist nun schon *ziemlich lange* in Deutschland. Wie gefällt es dir denn? _____

2. Ursula, kannst du heute das Mittagessen kochen?—*Ich bedaure*, Thomas, aber ich habe beim besten Willen keine Zeit. _____

3. Sabine, du bist eine wunderbare Köchin. *Kannst du* das ganze Kochbuch *auswendig*? _____

4. Was machen denn diese Tennisbälle auf meinem Teller? *Spaß beiseite*, Sabine, deine Knödel sind wirklich eine Delikatesse! _____
_____
_____

5. Warte nur, Thomas, morgen mittag *bist du* mit dem Kochen *dran*! _____
_____
_____

C. Complete the sentences in the dialogue below with appropriate idioms. You may need to use one from the preceding Unit.

BARBARA: Ursula, Michael ist ja schon _____ _____ _____ in Deutschland. Hat er denn schon eine Freundin gefunden?

URSULA: Nicht nur eine, sondern zwei!

BARBARA: ____ _____ , wirklich zwei? Warum denn?

URSULA: Ganz einfach, mit der einen spricht er Englisch, und mit der anderen spricht er Deutsch. Heute _____ ich mit Deutsch ____ _____ _____ , und morgen besucht er seine amerikanische Freundin Mary-Ann.

BARBARA: Arme Ursula! Das _____ _____ aber wirklich _____ . Das habe ich nicht von Michael gedacht.

URSULA: Willst du seine dritte Freundin werden? Du sprichst doch ganz gut Französisch, und Michael möchte sowieso gern Französisch lernen, während er in Europa ist.

BARBARA: Nein, danke, dazu habe ich _____ _____ _____ keine Lust.

D. With a partner, act out a scene in which one of you offers to cook a meal for the other, who—fearing the worst—suggests going to McDonald's instead. Whichever role you play, try to increase your persuasiveness by using idioms whenever possible.

E. Write a short paragraph describing the series of things that went wrong when your little brother tried to cook a meal—wrong temperature, wrong cooking time, mixed-up ingredients, etc. Using some of the idioms you have learned can make the story more lively.

(Optional)

F. Imagine that you are in a restaurant, confronted with the menu printed below. With a companion, discuss what you can order for a full meal without spending more than DM 35,00 for the two of you. Then order from the waiter.

SPEISEKARTE

SUPPEN

Tomatensuppe mit Nudeln	3,00 DM
Fleischbrühe mit Ei	3,50 DM
Erbsensuppe mit Speck	3,50 DM

HAUPTGERICHTE

Heringsfilet in Sahnensauce, mit Zwiebeln und Äpfeln, Bratkartoffeln	9,50 DM
Leberkäse mit Spiegelei, Bratkartoffeln und gemischtem Salat	9,50 DM
Wiener Schnitzel mit Erbsen und gekochten Kartoffeln	11,50 DM
½ Hähnchen mit pommes frites und gemischtem Salat	11,50 DM
Roastbeef mit Remouladensauce, grünen Bohnen, Bratkartoffeln und gemischtem Salat	13,80 DM

NACHSPEISEN

Obstsalat	2,50 DM
Vanillepudding mit Schokoladensauce	2,50 DM
Eisbecher mit Früchten	3,50 DM
Kännchen Kaffee	2,00 DM
Kännchen Tee	1,50 DM

(Bedienung eingeschlossen)

Vocabulary

der Kellner, -	waiter
die Kellnerin, -nen	waitress
die Speisekarte, -n	menu
die Suppe, -n	soup
die Tomate, -n	tomato
die Nudel, -n	noodle
die Fleischbrühe, -n	consommé
die Erbse, -n	pea
der Speck	bacon
das Hauptgericht, -e	main course, entrée
der Hering, -e	herring
das Filet, -s	filet
die Sahne	cream
die Sauce, -n	sauce, gravy
der Apfel, ⸚	apple
die Bratkartoffeln (pl)	(home) fried potatoes
das Spiegelei, -er	fried egg, sunny-side up
das Schnitzel, -	pork or veal loin cutlet
kochen	to boil, cook
das Hähnchen, -	chicken
pommes frites	French fries
mischen	to mix
der Salat, -e	salad
das Roastbeef	roast beef
die Bohne, -n	bean
die Nachspeise, -n	dessert
der Obstsalat, -e	fruit cocktail
der Pudding, -e	pudding
die Vanille	vanilla
der Eisbecher, -	sundae
die Frucht, ⸚e	fruit
das Kännchen, -	small pot (2 cups)
der Kaffee, -s	coffee
der Tee, -s	tea
die Bedienung	service, tip
eingeschlossen*	included

Sprichwort

Ich kann zwar nicht gut kochen, aber wenn ihr hungrig seid, schmeckt es euch bestimmt. *Hunger ist der beste Koch.*

Unit 6

Der fünfte Wohnungskollege

1. mit jemandem los sein*
   (was ist denn mit dir los?)
   to be the matter with someone
   (what is the matter with you?)

2. etwas/nichts dagegen haben*

   (ich habe nichts dagegen)
   to have something/nothing against it
   (I have nothing against it)

3. auf Schritt und Tritt
   (der Schritt, -e *step*;
   der Tritt, -e *step, tread*)
   at every step, everywhere

4. Schluß machen mit (+ *dative*)

   (ich mache Schluß mit der Arbeit)
   (der Schluß, die Schlüsse *end, close*)
   to put an end to something, to end, to finish, to stop
   (I end my work)

5. früher oder später
   sooner or later

URSULA: Michael, du bist heute wieder mit dem Kochen an der Reihe.

MICHAEL: Ich weiß; ich habe gerade eingekauft.

URSULA: Hundefutter! Was *ist* denn *mit dir los?* Haben deine Eltern dir diesen Monat kein Geld geschickt?

MICHAEL: Doch, doch! Ich habe Herrn Huber zum Essen eingeladen. Ich hoffe, *du hast nichts dagegen*. Es war Liebe auf den ersten Blick. Außerdem folgt Herr Huber mir *auf Schritt und Tritt*.

URSULA: Michael, *ist* nur heute *mir dir los?* Übrigens tropft deine Tasche.

MICHAEL: Oh je, das ist Herr Huber!

URSULA: Jetzt *mach* aber *Schluß*, Michael! Im Ernst, was ist in deiner Tasche?

MICHAEL: Naja, Ursula, *früher oder später* mußt du es ja doch erfahren. Darf ich dir Herrn Huber vorstellen? Herr Huber, dies ist Fräulein Baumann!

URSULA: Ein kleiner Dackel! Warum hast du das denn nicht gleich gesagt? Der ist ja ganz süß!

Exercises

A. Use the English cues to complete the sentences below with idioms you have learned in this Unit. Be sure to use forms that fit the grammar of the sentences.

URSULA: Thomas, wir haben einen neuen Wohnungskollegen, Herrn Huber. Er ist ganz süß, und er folgt mir _____ _____ _____ _____. (*everywhere*)

THOMAS: Ursula, was _____ denn _____ _____ _____? (*. . . is the matter with you*) Wir haben doch keinen Platz für einen fünften Mitbewohner. Jetzt _____ aber _____! (*stop it*)

URSULA: Naja, Thomas, _____ _____ _____ findest du es ja doch heraus. (*sooner or later*) Herr Huber ist Michaels kleiner Dackel.

THOMAS: Herr Huber ist ein Hund? Warum hast du das nicht gleich gesagt? Natürlich _____ ich _____ _____, daß Herr Huber bei uns wohnt. (*I have nothing against it*) Kann er denn Geschirr spülen?

B. Rewrite the sentences below, in each case replacing the words in italics with an idiom you have learned.

Reminder:
jemandem passieren	to happen to someone
einverstanden sein* mit (+ *dative*)	to agree to/with
überall	everywhere
aufhören mit (+ *dative*)	to stop, to end something
über kurz oder lang	sooner or later

1. Pierre, du hast heute lange genug studiert. Jetzt *hör auf damit* und komm mit Ursula und mir ins Theater! _____
_____

2. Ich habe Herrn Leitner, unseren Hauswirt, zum Abendessen eingeladen. Ich hoffe, *du bist einverstanden*, Michael. _____

3. *Was ist dir* denn *passiert*, Pierre? Du siehst ja ganz anders aus.—Ich war beim Friseur. Meine Eltern wollen mich morgen besuchen. _____

4. Pierre findet das Leben in München wunderbar, aber *über kurz oder lang* muß er wieder nach Frankreich zurück. _____

5. München ist die Stadt der Dackel. Man trifft sie *überall*. _____

C. Complete the sentences in the dialogue below with appropriate idioms. You may need to use one from a preceding Unit.

MICHAEL: Das Bier hier im Hofbräuhaus ist wirklich gut. Ich möchte noch eine zweite Maß bestellen.

URSULA: Besser nicht! Du mußt nach einer Maß _____ _____.

MICHAEL: Aber Ursula, was _____ denn _____ _____ _____? Hier trinkt doch jeder mehr als eine Maß. Warum _____ du _____ _____?

URSULA: Du willst doch mit dem Auto nach Hause fahren. Da darfst du nur einen Liter Bier trinken. In Deutschland kontrolliert die Polizei die Autofahrer _____ _____ _____ _____. Wenn du zuviel trinkst und dann mit dem Auto fährst, nimmt dir die Polizei _____ _____ _____ den Führerschein weg.

MICHAEL: _____ _____? Wieviel kostet denn ein Taxi nach Hause?

URSULA: Zuviel!

D. Everybody thinks your Dachshund "Schatzi" is a dumb, lazy, fat beast. Prepare a brief oral defense of the poor fellow, with at least five sentences, that explains why you love him. Idioms may make your defense more colorful and credible.

E. Wilhelm, the Schnauzer, is your best friend. Write a short paragraph explaining what the things are that you like to do together, e.g., taking walks, swimming, etc. Use idioms to explain his faithfulness and why you value his companionship.

(Optional)
F. Choose one or more of the dogs silhouetted below to describe to a friend. See whether the other person can guess which dog(s) you are describing on the basis of your oral presentation of characteristics.

BOXER

DACHSHUND

SCHNAUZER

PUDEL

SCHÄFERHUND

Vocabulary

der Hund, -e	dog
die Hündin, -nen	bitch
der Jagdhund, -e	hunting dog
der Wachhund, -e	watchdog
der Schoßhund, -e	lapdog
jagen	to hunt
bellen	to bark
beißen*	to bite
gehorchen	to obey
das Fell, -e	fur
lockig	curly
glatt	smooth
die Schnauze, -n	mouth (*of animals*), snout
der Zahn, ⸚e	tooth
das Ohr, -en	ear
spitz	pointed, sharp
der Schwanz, ⸚e	tail
die Pfote, -n	paw

Sprichwort

Ich erzähle dir lieber gleich die Wahrheit. Früher oder später findest du sie ja doch heraus. *Lügen haben kurze Beine.*

Unit 7

Ärger mit dem Hauswirt

1. außer Rand und Band sein*
   (der Rand, ⸚er *edge, brink*;
   das Band, ⸚er *bond, band*)

   to be completely out of hand, out of bounds

2. jemandem Schwierigkeiten machen
   (ich mache ihm Schwierigkeiten)
   (die Schwierigkeit, -en *difficulty, problem*)

   to give someone trouble
   (I give him trouble)

3. ein Auge zudrücken

   (das Auge, -n *eye*)

   to look the other way, to close one's eyes to, to let something pass

4. jemandem Unrecht tun*
   (ich tue ihm Unrecht)
   (das Unrecht *injustice*)

   to do someone an injustice
   (I do him an injustice)

5. mit Mühe und Not
   (die Mühe, -n *trouble, pains*;
   die Not, ⸚e *trouble, pains, emergency, difficulty*)

   at great pains

Herr Leitner, der Hauswirt, klingelt an der Wohnungstür.

LEITNER: Herr Fodden, was war denn hier bloß gestern los? *Ihr wart* ja wohl total *außer Rand und Band!* Die Nachbarn von gegenüber haben bei mir angerufen und sich über den Lärm beschwert. *Ihr* Studenten *macht mir* nichts als *Schwierigkeiten!* Wißt ihr denn nicht, daß ihr ab elf Uhr leise sein müßt? Diesmal will ich noch *ein Auge zudrücken,* aber wenn das noch einmal passiert, könnt ihr packen!

MICHAEL: Es tut mir leid, Herr Leitner, aber wir können den Lärm wirklich nicht gemacht haben. Wir waren gestern alle vier nicht zu Hause. Da *tun Sie uns Unrecht.*

LEITNER: Wer war es denn sonst? Die Schmidts im dritten Stock sind ruhige Mieter.

MICHAEL: Das schon, aber gestern war Freitag. Freitags hat Herr Schmidt seinen Kegelabend.

LEITNER: Na und? Das hat doch nichts mit dem Lärm zu tun!

MICHAEL: Doch! Frau Schmidt holt ihren Mann hinterher immer ab. Aber sie kommt immer zu früh, und Herr Schmidt hat noch keine Lust, nach Hause zu gehen. Wenn sie ihn dann *mit Mühe und Not* nach Hause gebracht hat, gibt es einen gewaltigen Ehekrach.

LEITNER: Im Ernst? Jeden Freitag? Und warum haben sich die Nachbarn noch nie beschwert?

MICHAEL: Vermutlich haben Schmidts diesmal vergessen, die Fenster zuzumachen.

Exercises

A. **Use the English cues to complete the sentences below with idioms you have learned in this Unit. Be sure to use forms that fit the grammar of the sentences.**

MICHAEL: Ursula, Herr Leitner, der Hausbesitzer, war gerade da. Er sagt, wir waren am Freitag _____ _____ _____ _____ . (*out of bounds*) Die Nachbarn von gegenüber wollten die Polizei anrufen, aber er hat es ihnen _____ _____ _____ _____ ausgeredet. (*at great pains*) Diesmal will er noch _____ _____ _____ . (*. . . to let it pass*) Aber wenn wir _____ noch einmal _____ _____ _____ _____ , will er uns kündigen. (*. . . give him trouble*)

URSULA: Das ist typisch! Wenn etwas los ist, sind es immer wir Studenten. Hoffentlich hast du ihm gesagt, daß er _____ _____ _____ . (*. . . does us an injustice*)

B. Rewrite the sentences below, in each case replacing the words in italics with an idiom you have learned.

Reminder:	ungerecht sein* gegen (+ *accusative*)	to do someone an injustice
	etwas durchgehen* lassen*	to let something pass, to look the other way
	schwer	with difficulty
	der Ärger	annoyance, anger, trouble
	unbändig	unruly

1. Der Hauswirt *war ungerecht gegen* die Studenten, denn sie hatten gar keinen Lärm gemacht. _____

2. Diesmal will er *es* noch einmal *durchgehen lassen,* aber das nächste Mal will er ihnen kündigen. _____

3. Herrn Schmidt gefällt das Kegeln mit seinen Freunden so gut, daß Frau Schmidt ihn *nur schwer* nach Hause bringt. _____

4. Hermann, es ist spät. Komm jetzt mit nach Hause! Du *machst mir* wirklich *Ärger.* _____

5. Gestern spielte eine amerikanische Rock-Band in Schwabing, und die Münchner Teenager *waren unbändig* vor Begeisterung. _____

C. Complete the sentences in the dialogue below with appropriate idioms. You may need to use one from the preceding Unit. Be sure to use the tense of the verb that fits the context best; you will need simple past, present perfect, and present depending on the sentence, and in one instance you will need the infinitive.

MICHAEL: Vor der Universität gab es eine Demonstration von Tausenden von Studenten. Sie _____ völlig _____ _____ _____ _____. Ich bin nur _____ _____ _____ _____ zu meinem Seminar gekommen. Gottseidank _____ der Professor _____ _____ _____ und nichts gesagt, obwohl ich viel zu spät kam. Warum demonstrieren die Studenten denn?

URSULA: Sie wollen höhere Stipendien wegen der Inflation. Natürlich müssen die Stipendien _____ _____ _____ erhöht werden. Aber viele Studenten sind Marxisten und wollen der Regierung _____ _____ _____ . Die Regierung hat deshalb keine Lust, ihnen mehr Geld zu geben. Die Studenten behaupten natürlich, daß die Regierung _____ _____ _____ .

MICHAEL: Gibt es denn viele marxistische Studenten?

URSULA: Nein, nicht sehr viele, aber sie machen großen Lärm.

D. Act out a scene with a classmate in which one of you tries to persuade the other to attend a rock concert. Arguments in favor might include how good the group is, how unusual it is for this group to be in town, and what a good deal you can get on tickets. Arguments against could be lack of time, other plans, or the fact that the group is known to be rowdy. Use idioms where you can to add to the intensity of the arguments.

E. Write a paragraph of 6 to 10 sentences about the kind of music you like best, concerts you go to, and records or tapes you like to listen to. Make your description more colorful by using some of the idioms you have learned.

(Optional)

F. Pick your sign from the horoscope below, and tell a friend—in your own words—what the predictions are. Include your own reactions to what it says, and ask him how accurate the predictions are.

WIDDER (21. 3. bis 20. 4.)
Es gibt Probleme, aber Sie werfen die Flinte nicht ins Korn. Zeigen Sie etwas mehr Geduld mit Ihren Mitmenschen.

STIER (21. 4. bis 20. 5.)
Sie sind zu emotional. Nur wenn Sie einen kühlen Kopf behalten, kommen Sie an Ihr Ziel. Am 24. 4. Vorsicht beim Autofahren.

ZWILLINGE (21. 5. bis 21. 6.)
Sie sind nervös und fürchten sich vor einer Veränderung in Ihrem Leben. Kopf hoch! Hören Sie nicht auf Andere und tun Sie, was Sie für richtig halten.

KREBS (22. 6. bis 22. 7.)
Die Sterne stehen günstig. Sie lernen neue Freunde kennen. Erfolg und Lebensfreude im Juli. Aber Vorsicht am 20. 7.

LÖWE (23. 7. bis 23. 8.)
Ein guter Freund läßt Sie nicht im Stich. Aber Ihr Temperament ist eine Gefahr. Höchste Zeit, daß Sie vernünftig werden.

JUNGFRAU (24. 8. bis 23. 9.)
Sie müssen mehr arbeiten, wenn Sie Erfolg haben wollen. Seien Sie energischer und hören Sie auf den Rat eines guten Freundes.

WAAGE (24. 9. bis 23. 10.)
Sie machen bald eine schöne Reise und haben Grund, froh und zufrieden zu sein. Vergessen Sie aber Ihre alten Freunde nicht.

SKORPION (24. 10. bis 22. 11.)
Ihre Sterne stehen günstig für Freundschaft und Liebe. Aber Vorsicht: Ihre Eifersucht kann viel zerstören.

SCHÜTZE (23. 11. bis 22. 12.)
Sie leben nur für Ihren Beruf, aber Geld allein macht nicht glücklich. Vergessen Sie Ihre Freunde und Familie nicht. Überraschung am 18. 12.

STEINBOCK (23. 12. bis 20. 1.)
Sie sind zu optimistisch. Werfen Sie Ihr Geld nicht zum Fenster hinaus. Mehr Selbstkontrolle, oder Sie werden bald ernste Schwierigkeiten haben.

WASSERMANN (21. 1. bis 19. 2.)
Sie müssen vorsichtiger leben. Ihre Gesundheit ist in Gefahr. Mehr Zeit für Freunde und Familie. Vorsicht bei Geldsachen am 3. 2.

FISCHE (20. 2. bis 20. 3.)
Ihr Pessimismus macht Sie krank. Seien Sie aktiver. Eine Reise kann neue Freunde bringen, wenn Sie optimistischer sind.

Vocabulary

der Widder	Aries
der Stier	Taurus
die Zwillinge	Gemini
der Krebs	Cancer
der Löwe	Leo
die Jungfrau	Virgo
die Waage	Libra
der Skorpion	Scorpio
der Schütze	Sagittarius
der Steinbock	Capricorn
der Wassermann	Aquarius
die Fische	Pisces
die Geduld	patience
behalten*	to keep
kühl	cool
das Ziel, -e	goal, destination
die Vorsicht	caution, prudence
die Veränderung, -en	change
der Stern, -e	star
günstig	favorable
der Erfolg, -e	success
die Lebensfreude	cheerfulness, joie de vivre
das Temperament, -e	temper, temperament
die Gefahr, -en	danger
vernünftig	reasonable
der Rat	advice
der Grund, ⸚e	reason, argument, ground
die Eifersucht	jealousy
zerstören	to destroy
der Beruf, -e	profession, occupation, job
die Überraschung, -en	surprise
die Selbstkontrolle	self-control
ernst	serious
die Schwierigkeit, -en	difficulty, problem
vorsichtig	cautious, careful
die Gesundheit	health, good health
die Geldsachen	money matters
der Pessimismus	pessimism

Sprichwort

Herr Schmidt hat fürchterlich über den Lärm geschimpft. Das nächste Mal will er die Polizei rufen.
Mach dir keine Sorgen, das tut er bestimmt nicht. *Hunde, die bellen, beißen nicht.*

Unit 8

Das Oktoberfest

1.	sich etwas in den Kopf setzen	to resolve to do something, to make up one's mind to do something
	(das habe ich mir in den Kopf gesetzt)	(I made up my mind to do that)
2.	zum Beispiel (*abbr.* z.B.)	for example
3.	eine Rolle spielen (die Rolle, -n *role, part*)	to play a role, to play a part
4.	ab und zu	now and then
5.	Bescheid wissen* (der Bescheid, -e *answer, information*)	to know, to be fully informed

URSULA: Michael, hast du Lust, am Samstag zum Oktoberfest zu gehen?

MICHAEL: Zum Oktoberfest? Das *habe ich mir* schon lange *in den Kopf gesetzt*. Aber jetzt ist doch erst Ende September?

URSULA: Das Fest dauert zwei Wochen und endet immer am ersten Sonntag im Oktober.

MICHAEL: Was passiert denn nun auf dem Oktoberfest?

URSULA: Alles passiert. Es ist ein riesiges Volksfest, eine Art Vergnügungspark und Bierfest. Es gibt *zum Beispiel* Karussells und Achterbahnen, aber das Bier *spielt eine* besonders große *Rolle*. Es wird speziell für das Oktoberfest gebraut. In den riesigen Bierzelten spielen bayrische Kapellen Volksmusik. Die Besucher sitzen an langen Tischen, trinken Bier, essen Brathähnchen, reden, singen, schunkeln und schmusen. Und *ab und zu* gibt es eine Prügelei.

MICHAEL: Na, jetzt *weiß ich Bescheid*. Darf Huberchen auch mitkommen?

URSULA: Aber natürlich, das Oktoberfest ist doch für alle Münchner!

Exercises

A. Use the English cues to complete the sentences below with idioms you have learned in this Unit. Be sure to use forms that fit the grammar of the sentences.

MICHAEL: Für die Münchner _____ das Oktoberfest natürlich _____ große _____ . (... *plays a role*) Aber trifft man denn dort auch viele Ausländer?

URSULA: Tausende! Du _____ es _____ doch auch ____ _____ _____ _____ , das Oktoberfest zu besuchen. (... *have made up your mind*) Du kannst dort _____ _____ Amerikaner, Engländer und Franzosen treffen. (*for example*) Sie amüsieren sich alle herrlich, aber ____ _____ ____ gibt es auch mal Ärger. (*now and then*)

MICHAEL: Aha, jetzt _____ ich _____ . (... *am fully informed*) Das Oktoberfest ist also nicht nur ein bayrisches, sondern ein internationales Fest. Dann brauche ich mir ja keine Sorgen zu machen, wenn ich keine Lederhose habe.

B. Rewrite the sentences below, in each case replacing the words in italics with an idiom you have learned.

Reminder:

verstehen*	to understand
hin und wieder	now and then
sich etwas vornehmen*	to resolve to do something, to plan on something
beispielsweise	for example
wichtig	important

1. Michael glaubte nicht, daß das Oktoberfest mit Recht so beliebt war, aber jetzt *versteht* er es. _____

2. Die Besucher des Oktoberfests amüsieren sich herrlich, aber *hin und wieder* prügeln sie sich auch. _____

3. Pierre will unbedingt mit der Achterbahn fahren. Wenn er *sich etwas vornimmt*, tut er es auch. _____

4. Gibt es auch in anderen deutschen Städten ein Oktoberfest, *beispielsweise* in Hamburg? _____

5. *Es ist nicht wichtig*, ob man arm oder reich, jung oder alt ist. Auf dem Oktoberfest hat jeder seinen Spaß. _____
_____
_____

C. **Complete the sentences in the dialogue below with appropriate idioms. You may need to use one from the preceding Unit.**

MICHAEL: Max Felbingers Blaskapelle ist wirklich toll. Eure bayrischen Volkslieder sind mit Recht so beliebt.

SABINE: Willst du die Kapelle dirigieren?

MICHAEL: Das kann ich doch gar nicht!

SABINE: Oh, das _____ gar keine _____ !

MICHAEL: Aber ich kenne doch gar keine bayrischen Volkslieder.

SABINE: Wie ist es _____ _____ mit „Edelweiß"? Das kennst du sicher, und die Musiker _____ auch ohne einen guten Dirigenten _____ . Es macht also nichts, wenn du ____ _____ ___ einen Fehler machst.

MICHAEL: Läßt Herr Felbinger denn jeden Laien dirigieren, der Lust dazu hat?

SABINE: Natürlich nicht jeden. Aber für 50 DM wird der Max schon _____ _____
_____ .

D. **Imagine that you are the Minister of Tourism for the big and beautiful state of Kalamazonia, which has no other source of income but tourism. At a conference for travel agents, you are trying to convince as many gullible clients as possible to visit your country. Prepare your speech for presentation to the class. Talk about the beautiful geography, the fun of traveling to Kalamazonia, the lack of industry and pollution, the friendly people, the *Volksfeste*, etc.**

E. **Design and write a short tourist brochure about Kalamazonia. Use as many colorful expressions and idioms as you can to make your country sound eminently worth visiting.**

(Optional)

F. The map below shows both the Federal Republic of Germany (*Bundesrepublik Deutschland = BRD*) and the German Democratic Republic (*Deutsche Demokratische Republik = DDR*), and where they lie with respect to the other countries of Europe. Using the map and the vocabulary that follow, describe the position of these countries and the major or capital cities indicated to someone who knows nothing about Europe's geography.

Vocabulary

liegen*	to lie, to be located
umgeben sein* von (+ *dative*)	to be surrounded by
im Norden	in the North
der Norden	North
der Osten	East
der Süden	South
der Westen	West
das Land, ¨er	country, state
Dänemark	Denmark
Holland (*or* die Niederlande)	Holland (the Netherlands)
Belgien	Belgium
Frankreich	France
die Schweiz	Switzerland
Italien	Italy
Österreich	Austria
Jugoslawien	Yugoslavia
die Tschechoslowakei	Czechoslovakia
Polen	Poland
die Grenze, -n	border
die See, -n	sea, ocean
die Nordsee	North Sea
die Ostsee	Baltic Sea
Niedersachsen	Lower Saxony
Nordrhein-Westfalen	North Rhine-Westphalia
Hessen	Hesse
Rheinland-Pfalz	Rhineland-Palatinate
Bayern	Bavaria
Sachsen-Anhalt	Saxony-Anhalt
Thüringen	Thuringia
Sachsen	Saxony
Pommern	Pomerania
Bern	Berne
Brüssel	Brussels
Haag	The Hague
Prag	Prague
Wien	Vienna

Sprichwort

Ich bin zum Oktoberfest nach Hamburg gefahren, aber das Oktoberfest ist gar nicht in Hamburg. Es ist in München. Naja, *Irren ist menschlich.*

Unit 9

Irren ist menschlich

1. von Kopf bis Fuß
   (der Fuß, ̈e *foot*) — from head to toe
2. in der letzten Zeit — lately, recently
3. Kopf hoch! — chin up!
4. recht haben* — to be right, to be correct
5. sein Geld zum Fenster hinauswerfen*
   (das Fenster, - *window*) — to throw one's money away, to squander

MICHAEL: Ursula, ich mache mir Sorgen um meine Gesundheit. Sehe ich krank aus?

URSULA: Überhaupt nicht! Was ist denn mit dir los?

MICHAEL: Ich weiß nicht. Ich muß mich einmal *von Kopf bis Fuß* untersuchen lassen. Ich habe *in der letzten Zeit* enorm abgenommen. Stell dir vor, in Boston wiege ich immer 180 Pfund, und jetzt wiege ich nur noch 166 Pfund.

URSULA: *Kopf hoch*, Michael! Ich kann dir helfen. Hör zu, ein deutsches Pfund hat 500 Gramm, aber ein amerikanisches Pfund hat nur 454 Gramm. Du hast also in Deutschland gar nicht abgenommen, hier ist das Pfund nur 46 Gramm schwerer. Ich wiege in Deutschland zum Beispiel 100 Pfund, aber in Amerika wiege ich fast 10 Pfund mehr.

MICHAEL: Ich hoffe, *du hast recht*. Bist du sicher, daß ich nicht zum Arzt zu gehen brauche? Dann weiß ich wenigstens genau, was mit mir los ist.

URSULA: Wenn du absolut *dein Geld zum Fenster hinauswerfen* willst, gib es lieber für zwei Abendessen aus!

MICHAEL: Warum zwei? Eins für heute und eins für morgen?

URSULA: Natürlich nicht, du Dummkopf! Eins für dich und eins für mich!

Exercises

A. Use the English cues to complete the sentences below with idioms you have learned in this Unit. Be sure to use forms that fit the grammar of the sentences.

In Dr. Schusters Praxis. Michael muß lange warten, bis er an der Reihe ist.

DR. SCHUSTER: Na, Herr Fodden, wo fehlt es denn?

MICHAEL: Das weiß ich selber nicht, aber ich habe ____ ____ ____ ____ enorm abgenommen. (*lately*) Da mache ich mir natürlich Sorgen.

DR. SCHUSTER: Sie sehen aber ganz gesund aus. ____ ____ ! (*Chin up!*) So schlimm wird es schon nicht sein. Ich werde Sie erst einmal ____ ____ ____ ____ untersuchen, und dann wissen wir mehr. (*from head to toe*)

Nach der Untersuchung.

DR. SCHUSTER: Herr Fodden, meinen Glückwunsch! Sie sind kerngesund.

MICHAEL: Können Sie mir vielleicht ein Rezept für Vitamine geben?

DR. SCHUSTER: Ihr Amerikaner seid wirklich verrückt mit euren Vitaminen. Wollen Sie denn unbedingt Ihr ____ ____ ____ ____ ____ ? (*... to throw your money away*) Wenn Sie gut essen, brauchen Sie diese Tabletten wirklich nicht.

MICHAEL: Ich esse mittags meistens in der Mensa.

DR. SCHUSTER: Dann ____ Sie natürlich ____ . (*... are right*) Kaufen Sie sich Vitamin C-Tabletten in der Apotheke. Ein Rezept brauchen Sie dafür nicht.

B. Rewrite the sentences below, in each case replacing the words in italics with an idiom you have learned.

Reminder: von oben bis unten — from top to bottom
der Mut — courage
seit einiger Zeit — for some time
stimmen — to be correct
verschwenden — to waste, squander

1. Michael geht zum Arzt; er will sich *von oben bis unten* untersuchen lassen. _____
_____
_____

2. *Nur Mut*, Pierre! Dein Examen ist bestimmt nicht so schlimm. _____
_____
_____

3. *Seit einiger Zeit* haben wir freitags keinen Lärm mehr bei Schmidts gehört. Geht Herr Schmidt nicht mehr zum Kegeln? _____
_____
_____

4. *Das stimmt*, Thomas! Herr und Frau Schmidt sind seit drei Wochen in Spanien auf Urlaub. _____
_____
_____

5. Frau Schmidt auch? Da *verschwendet* Herr Schmidt aber *sein Geld.* Du bist gemein, Thomas. Frau Schmidt ist sehr nett. _____
_____
_____
_____

C. Complete the sentences in the dialogue below with appropriate idioms. You may need to use one from the preceding Unit.

PIERRE: Ursula, darf ich dich heute zum Abendessen einladen? Ich habe dich _____ _____ _____ _____ so selten gesehen. Du gehst immer mit Michael aus.

URSULA: Du bist wohl eifersüchtig auf Michael, Pierre? Wohin willst du mich denn einladen?

PIERRE: Wie ist es denn _____ _____ mit dem Restaurant „Humpelmeyr"?

URSULA: Das Restaurant „Humpelmeyr" ist doch viel zu teuer für uns Studenten. Willst du denn _____ _____ _____ _____ _____ _____ ?

PIERRE: Oder willst du lieber in der Mensa zu Abend essen?

(*Ursula sieht Pierre* _____ _____ _____ _____ *an.*)

URSULA: Im Ernst? Sogar Michael kocht besser als der Mensakoch!

PIERRE: _____ _____ , Ursula! So schlecht ist das Essen in der Mensa nicht. Heute abend gibt es Frankfurter Würstchen mit Sauerkraut. Das ist doch dein Lieblingsessen.

URSULA: Das schon, aber nur, wenn meine Mutter es kocht. Warum gehen wir nicht ins „Bologna"? Das Essen dort ist gut und billiger als im „Humpelmeyr".

PIERRE: Du _____ _____ . Das ist ein guter Kompromiß.

D. The story of the Suppen-Kaspar is the most traumatic report on weight-loss in German literature. Tell your weight-conscious classmates, in your own words, what happened to Kaspar.

Die Geschichte vom Suppen-Kaspar

Der Kaspar, der war kerngesund,
ein dicker Bub und kugelrund.
Er hatte Backen rot und frisch;
die Suppe aß er hübsch bei Tisch.
Doch einmal fing er an zu schrein:
»Ich esse keine Suppe! nein!
Ich esse meine Suppe nicht!
Nein, meine Suppe eß ich nicht!«

Am nächsten Tag—ja sieh nur her!
da war er schon viel magerer.
Da fing er wieder an zu schrein:
»Ich esse keine Suppe! nein!
Ich esse meine Suppe nicht!
Nein, meine Suppe eß ich nicht!«

Am dritten Tag, o weh und ach!
wie ist der Kaspar dünn und schwach!
Doch als die Suppe kam herein,
gleich fing er wieder an zu schrein:
»Ich esse keine Suppe! nein!
Ich esse meine Suppe nicht!
Nein, meine Suppe eß ich nicht!«

Am vierten Tage endlich gar
der Kaspar wie ein Fädchen war.
Er wog vielleicht ein halbes Lot—
und war am fünften Tage tot.

Vocabulary

kugelrund	round as a ball
die Backe, -n	cheek
frisch	fresh
schreien*	to scream
mager	skinny, slim
anfangen*	to start, to begin
dünn	thin
schwach	weak
das Fädchen, -	short, thin piece of thread
wiegen*	to weigh
das Lot (*obsolete term*)	small weight (1/30 pound)
tot	dead

E. Write a brief medical report about Kaspar's tragic demise. Try to make the report both realistic and interesting by using idiomatic expressions. Tell what caused his initial decline, what the effects were day by day, how long his "illness" lasted, and what the end result was.

(Optional)

F. The chart below shows the most frequently used terms for weights, linear measurement, and temperature. Be prepared to answer questions or to tell the class your height, weight, favorite temperature for indoor living and outdoor activities, etc., in German terms.

1 cm	=	0.39 inches	1 inch	=	2,54 cm
			1 foot	=	30,48 cm
1 m	=	1.09 yards	1 yard	=	91,44 cm
1 km	=	0.6 miles	1 mile	=	1,6 km
1 l	=	2.1 pints	1 pint	=	0,4 l
		or 1.06 quarts	1 gallon	=	3,8 l
1 Pfd.	=	500 grams	1 pound	=	0,45 kg
1 kg	=	2.2 pounds			or 454 grams
0° C	=	32° F	0° F	=	−17,8° C
36,8° C	=	98.2° F			
100° C	=	212° F	100° F	=	38° C

Vocabulary

der/das Zentimeter, - (*abbr.* cm)	centimeter
der/das Meter, - (*abbr.* m)	meter
der/das Kilometer, - (*abbr.* km)	kilometer
der/das Liter, - (*abbr.* l)	liter
das Pfund, -e (*abbr.* Pfd.)	pound
das Kilogramm, - (*abbr.* kg)	kilogram
der Grad, -e	degree
das Gewicht, -e	weight
die Länge, -n	length
die Temperatur, -en	temperature
wiegen*	to weigh
messen*	to measure

Redensart

Glaubst du wirklich, daß du krank bist, Michael?
Mal den Teufel nicht an die Wand!

Unit 10

Der Heilige Berg Andechs

Radtour nach Kloster Andechs

1. nicht der Rede wert sein*
   (die Rede, -n *speech, talk*)
   not to be worth talking about, speaking of

2. mit Leichtigkeit
   (die Leichtigkeit, *ease, easiness, facility*)
   with ease, easily

3. sich auf den Weg machen
   (ich mache mich auf den Weg nach Salzburg)
   (der Weg, -e *way, path, street*)
   to set out, to start
   (I am setting out for Salzburg)

4. für nichts und wieder nichts
   totally in vain

5. ganz im Gegenteil
   (das Gegenteil, -e *contrary, opposite*)
   quite to the contrary

URSULA: Der Wetterdienst hat Sonnenschein für morgen prophezeit. Das müssen wir ausnutzen, denn der Winter steht vor der Tür. Hast du Lust, eine Radtour zu machen? Huberchen kann selbstverständlich auch mitkommen.

MICHAEL: Das ist eine tolle Idee. Wohin können wir denn fahren?

URSULA: Wie ist es mit Kloster Andechs?

MICHAEL: Na, ich weiß nicht, ein Kloster? Wie weit ist es denn nach Andechs?

URSULA: Die Entfernung *ist nicht der Rede wert*. Es sind nur 40 km. Wir sind *mit Leichtigkeit* in zweieinhalb Stunden da, weil die Straße eben ist. Es lohnt sich wirklich. Andechs ist ein Wallfahrtskloster und hat eine berühmte Rokokokirche.

MICHAEL: Aber ein Kloster! Ist das nicht langweilig? Ich habe keine Lust, *für nichts und wieder nichts* so weit zu fahren.

URSULA: *Ganz im Gegenteil*! Die Andechser Mönche brauen sehr gutes Bier. Wenn *wir uns* gegen zehn Uhr *auf den Weg machen*, sind wir rechtzeitig zum Mittagessen dort. Wir können im Klostergarten unter großen Bäumen sitzen und Kalbshaxen essen und Bier trinken.

MICHAEL: Kalbshaxen und Bier im Klostergarten! So was gibt es auch nur in Bayern.

Exercises

A. Use the English cues to complete the sentences below with idioms you have learned in this Unit. Be sure to use forms that fit the grammar of the sentences.

MICHAEL: Ursula, kommst du mit ins Kino? Es gibt einen tollen amerikanischen Western mit Charles Bronson. Gefallen dir Western auch so gut wie mir?

URSULA: _____ ____ _____ ! (*Quite to the contrary*) Ich finde sie dumm und brutal. Die Handlung ist meistens _____ _____ _____ , und Charles Bronson ist wirklich nicht mein Typ. (*not worth talking about*) Ich habe keine Lust, mein Geld _____ _____ _____ _____ _____ auszugeben. (*totally in vain*) Im Kino um die Ecke gibt es aber einen herrlichen alten Film mit Marlene Dietrich, „Der blaue Engel". Er fängt um neun Uhr an. Wenn wir _____ sofort _____ _____ _____ _____ , kommen wir_____ _____ noch rechtzeitig hin. (*... set out*) (*easily*)

B. Rewrite the sentences below, in each case replacing the words in italics with an idiom you have learned.

Reminder:
umsonst	in vain
leicht	easy, easily
umgekehrt	on the contrary, just the opposite
losfahren*	to set out, to start driving
unerheblich	inconsiderable, trifling, irrelevant

1. Wir wollten gestern Schloß Nymphenburg besichtigen, aber es war geschlossen. Wir sind *umsonst* hingefahren. _____
_____

2. Kloster Andechs ist nur 40 km von München entfernt. Mit dem Auto ist man *leicht* in dreiviertel Stunden da. _____
_____

3. Bist du in Barbara Schilling verliebt, Michael?
Umgekehrt, sie in mich! Aber mir ist sie total egal. _____
_____

4. Wenn wir jetzt sofort *losfahren*, kommen wir noch rechtzeitig zum Theater.
_____

5. Mußt du viel für dein Goethe-Seminar arbeiten?
   Nein, jetzt ist es noch *unerheblich*, weil das Semester gerade erst angefangen hat. _____
   _____
   _____

C. **Complete the sentences in the dialogue below with appropriate idioms. You may need to use one from the preceding Unit. Be sure to use the tense of the verb that fits the context best; you will need the past perfect in one sentence, and the present in two others.**

MICHAEL: Du, Thomas, ich habe eine Nachhilfeschülerin für Englisch gefunden. Sie heißt Ingrid und ist 14 Jahre alt. Sie sollte gestern schon kommen, aber sie kam nicht. Ich habe den ganzen Nachmittag_____ _____ _____ _____ _____ auf sie gewartet. Dann rief ihre Mutter mich an. Sie sagte, daß Ingrid _____ rechtzeitig _____ _____ _____ _____ _____ , aber dann konnte sie unsere Straße nicht finden.

THOMAS: Ist sie denn so dumm?

MICHAEL: _____ _____ _____ ! Sie ist gar nicht dumm. Sie hat nur keine Lust, Englisch zu lernen. Vermutlich ist sie den ganzen Nachmittag in Schwabing herumgebummelt.

THOMAS: Ich glaube, du _____ _____ . Wie ist ihr Englisch denn?

MICHAEL. Sie kann die Songs von den Rolling Stones auswendig, aber sonst _____ ihr Englisch _____ _____ _____ _____ . Wenn sie wollte, könnte sie _____ _____ eine gute Schülerin sein, aber sie interessiert sich nur für Kleider und Disko-Musik.

D. **Please give an oral explanation of the meaning of the following five proverbs. Use examples to show when they would be appropriate, or define their meaning in your own words.**

1. Irren ist menschlich.
2. Lügen haben kurze Beine.
3. Hunde, die bellen, beißen nicht.
4. Was Hänschen nicht lernt, lernt Hans nimmermehr.
5. Aller Anfang ist schwer.

E. Study the weather map that appears below for July 15th, and the paragraph that follows describing that day's weather in Germany. Then write out a paragraph giving the prediction for the following day in Germany as well as in the other European cities shown on the map. Give your weather forecast orally if you are asked to do so.

DIE WETTERKARTE (für den 15. Juli)

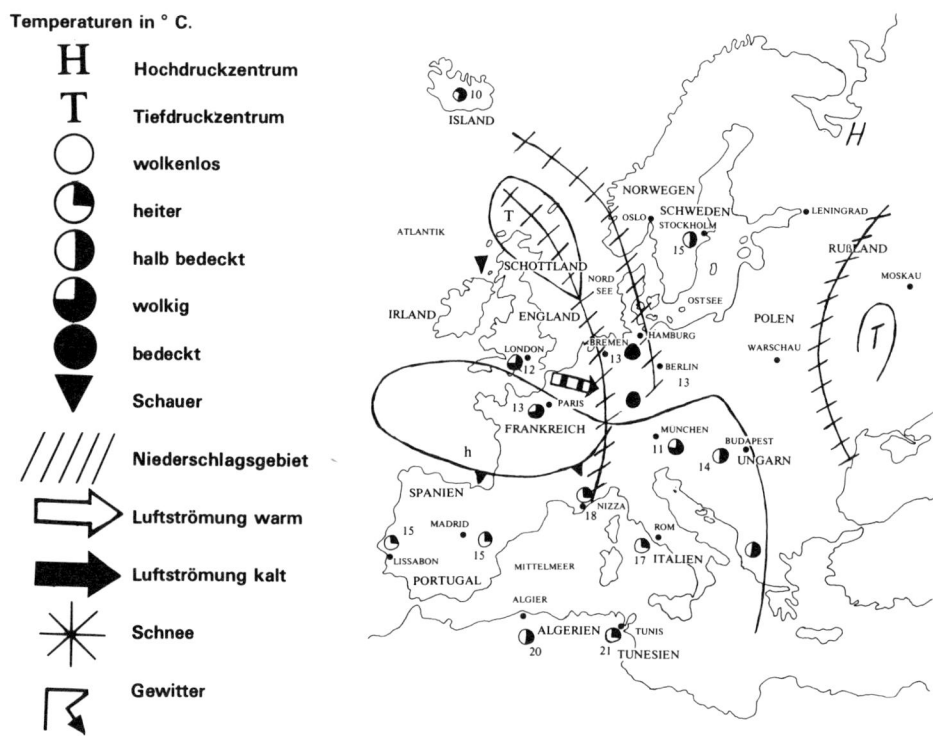

Mittagstemperaturen in Graden C, gestern

Inland		*Ausland*	
Hamburg	16	London	16
Bremen	15	Paris	21
Berlin	18	Rom	25
Frankfurt/M	18	Tunis	28
München	15	Nizza	22

Heute in Deutschland: stark bewölkt bis bedeckt und zeitweise leichter Regen. In der zweiten Tageshälfte von Westen her Übergang zu wechselnder Bewölkung mit einzelnen Schauern. Tageshöchsttemperaturen 17 bis 20 Grad, Tiefsttemperaturen nachts um 10 Grad. Schwacher bis mäßiger Wind aus Süd- bis Südwest.

Vocabulary

der Hochdruck	high pressure
der Tiefdruck	low pressure
das Zentrum, *pl.* die Zentren	center
die Wolke, -n	cloud
wolkenlos	cloudless, clear
bewölkt	cloudy
heiter	fair, sunny
bedeckt	overcast
der Schauer, -	shower, rainstorm
der Niederschlag, ⁻e	precipitation
die Luftströmung, -en	air current
der Schnee	snow
das Gewitter, -	thunderstorm
die Vorhersage, -n	prediction
stark	strong
zeitweise	at times
der Regen, -	rain
der Übergang, ⁻e	transition, changing into
wechselnd	shifting, changing
die Bewölkung	cloudiness
die Höchsttemperatur, -en	maximum temperature
die Tiefsttemperatur, -en	lowest temperature
schwach	weak
mäßig	moderate
der Wind, -e	wind
weitgehend	largely
niederschlagsfrei	without precipitation
die Aufheiterung	clearing-up, weather improvement
das Mittelmeer	Mediterranean (Sea)
örtlich	local
insgesamt	generally
freundlich	fair, friendly

Sprichwort

Michael, sei nicht so deprimiert, weil Ursula mit Pierre ausgeht. Vielleicht merkt sie, daß Pierre nicht ihr Typ ist. Glaub mir, *auf Regen folgt Sonnenschein!*

Unit 11

Ein Weihnachtsgeschenk für die ganze Familie

1. in aller Ruhe
   (die Ruhe   *peace, calm*)

   quietly, calmly, without rushing

2. es (alles) geht* drunter und drüber

   all hell is breaking loose

3. sich den Kopf zerbrechen* über (+ *accusative*)
   (ich zerbreche mir den Kopf über diese Sache)

   to rack one's brain over

   (I am racking my brain over this matter)

4. vor allen Dingen
   (das Ding, -e   *thing, matter*)

   above all, especially

5. nichts wissen* wollen* von (+ *dative*)
   (ich will nichts von ihm wissen)

   to refuse to have anything to do with

   (I refuse to have anything to do with him)

URSULA: Michael, hast du schon an Weihnachtsgeschenke für deine Familie gedacht? Jetzt kannst du noch *in aller Ruhe* einkaufen. Kurz vor Weihnachten *geht es* in den Geschäften *drunter und drüber*.

MICHAEL: Ich weiß nur nicht, was ich kaufen soll. *Ich zerbreche mir* schon lange *den Kopf darüber*. Hast du vielleicht eine Idee?

URSULA: Du kannst zum Beispiel eine Dackelhündin kaufen.

MICHAEL: Huberchen freut sich bestimmt darüber. Aber was schenke ich meiner Familie?

URSULA: Verstehst du denn nicht? Die kleine Dackelhündin natürlich! Wenn du dann wieder in Amerika bist, kannst du Dackel züchten. Wenn du die Jungen verkaufst, kannst du mit dem Geld dein Studium an der Universität bezahlen. *Vor allen Dingen* ist Huberchen dann auch nicht allein.

MICHAEL: Und was mache ich, wenn Huberchen *nichts von der* kleinen *Hündin wissen will*?

URSULA: Nimm ihn doch mit, wenn du sie kaufst! Er wird dir schon sagen, welches Dackelmädchen ihm gefällt.

Exercises

A. Use the English cues to complete the sentences below with idioms you have learned in this Unit. Be sure to use forms that fit the grammar of the sentences.

SABINE: Ich habe heute nachmittag Weihnachtsgeschenke eingekauft. Ich dachte, fünf Wochen vor dem Fest kann ich das noch ____ ____ ____ tun, aber ich hatte Unrecht. (*without rushing*) In der Innenstadt und ____ ____ ____ in den großen Warenhäusern ____ ____ schon jetzt ____ ____ ____. (*above all*)(*... all hell is breaking loose*) Für meine Mutter habe ich einen Schal gekauft, aber ich ____ ____ immer noch ____ ____ darüber, was ich meinem Vater schenken kann. (*... rack my brain*) Normalerweise schenke ich ihm immer eine Flasche Whiskey, aber ich glaube, daß er seit seinem Herzanfall ____ mehr ____ Alkohol ____ ____. (*... doesn't want to have anything to do with*)

B. Rewrite the sentences below, in each case replacing the words in italics with an idiom you have learned.

Reminder:
die Hölle ist los	all hell is breaking loose
vor allem	above all
nichts zu tun* haben* wollen* mit (+ *dative*)	to refuse to have anything to do with
ungestört	peaceful, undisturbed
überlegen	to consider, to figure out

1. Gestern haben die Weihnachtsferien in den Schulen angefangen. Ab Mittag *war* auf der Autobahn nach Süden *die Hölle los*, weil so viele Leute auf Urlaub fuhren. _____

2. Viele Deutsche fahren über die Weihnachtsferien ins Ausland, *vor allem* nach Österreich. _____
_____
_____

3. Barbara Schilling ist in Michael verliebt, aber er *will nichts mit ihr zu tun haben*. _____
_____

4. Michael will über das Wochenende zu Hause bleiben. Dann kann er *ungestört* seine Seminararbeit schreiben. _____
_____
_____

5. Sabine und Thomas wollen zusammen in den Bergen Weihnachtsurlaub machen. Nun *überlegen sie*, wie sie es ihren Eltern sagen. _____
_____
_____
_____

C. Complete the sentences in the dialogue below with appropriate idioms. You may need to use one from the preceding Unit.

MICHAEL: Grüß dich, Barbara! Vielen Dank für deine Einladung, aber ich kann leider nicht kommen. Ich habe zu viel Arbeit für meine Kurse, _____ _____ _____ für das Goethe-Seminar. Vorige Woche war ich faul, und nun muß ich bis nächsten Freitag drei Arbeiten schreiben. Da _____ es jetzt natürlich _____ _____ _____ bei mir. Bis Montag muß ich eine Arbeit über „Werther" fertig haben. Ich will das Buch noch einmal _____ _____ _____ lesen, bevor ich mir _____ _____ darüber _____ , warum Werther und Lotte sich nicht heiraten.

BARBARA: Vielleicht _____ Werther _____ _____ Lotte _____ ?

MICHAEL: Nein, nein, _____ _____ _____ ! Er erschießt sich aus Liebeskummer, nachdem Lotte einen anderen Mann heiratet.

BARBARA: Ja, ich weiß, wie es ist, wenn man Liebeskummer hat. Aber ich werde mich bestimmt nicht erschießen!

D. **Please discuss the following questions in class:**

1. Wann geht man am besten einkaufen? sehr früh? im letzten Moment?
2. Ist eine Einkaufsliste eine Hilfe, oder sollte man lieber spontan handeln?
3. Ist Weihnachten heute noch ein religiöses Fest oder nur eine besonders gute Zeit für die Geschäfte?
4. Was schenken Sie lieber—teure gekaufte Sachen oder selbstgemachte Geschenke? Was bekommen Sie lieber?

E. Write a letter to Santa Claus (*der Weihnachtsmann*) telling what you want for Christmas. Be sure to give details—sizes, preferred colors, brand names where applicable, etc. Use idioms and colorful expressions wherever you can to liven up your letter and make it stand out among the many Santa Claus receives.

(Optional)

F. With a partner, act out a scene in which the two of you discuss what you should buy from among the specials you found in the paper, shown below. Calculate costs, as well. You are planning a dinner for six.

Vocabulary

billig	cheap
die Vorfahrt	right-of-way
der Schmorbraten, -	pot roast
zart	tender
saftig	juicy
das Beefsteak, -s	beefsteak
das Schweineschnitzel, -	pork cutlet
das Stück, -e	piece
die Scheibe, -n	slice
das Brathähnchen, -	broiler chicken
das Würstchen, -	(small) sausage, Frankfurter
das Glas, ¨er	glass
das Obst	fruit
das Gemüse, -	vegetable
die Bohne, -n	bean
die Schale, -n	bowl, basket
der Paprika, -s	green pepper
das Netz, -e	net
der Pfirsich, -e	peach
Neuseeland	New Zealand
die Ernte, -n	harvest
der Orangensaft	orange juice
die Flasche, -n	bottle
das Angebot, -e	offer
die Schweinehaxe, -n	pig's knuckle
grillen	to grill
der Sekt, -e	Champagne
holländisch	Dutch (*adjective*)
italienisch	Italian (*adjective*)
der Salat, -e	lettuce, salad
die Gurke, -n	cucumber
die Tomate, -n	tomato
die Wassermelone, -n	watermelon
die Dose, -n	can
die Tragepackung mit 6 Flaschen	sixpack
der Bohnenkaffee	coffee
die Packung, -en	pack
die Erdbeere, -n	strawberry
der Champignon, -s	champignon, white mushroom
putzen	to clean
der Kopfsalat, -e	(head of) lettuce
das Gewicht, -e	weight
das Mindestgewicht	minimum weight

Redensart

Wie geht es Huberchen denn? Ich habe gehört, er war krank.
Ja, er ist von einem Auto angefahren worden und hatte sich ein Bein gebrochen.
Aber jetzt ist er wieder *munter wie ein Fisch im Wasser.*

Unit 12

Pläne für die Weihnachtsferien

1. im Grunde genommen
   (der Grund, ⁻e *reason, ground, argument*)
   basically

2. jemanden im Stich lassen*
   to leave someone in the lurch, to abandon someone, to walk out on someone

   (ich lasse ihn im Stich)
   (der Stich, -e *sting, thrust*)
   (I leave him in the lurch)

3. mit eigenen Augen sehen*
   to see for oneself

4. die Gelegenheit wahrnehmen*
   (die Gelegenheit, -en *opportunity, occasion*)
   to seize an opportunity

5. ehrlich gesagt
   frankly

URSULA: Michael, was hast du denn während der Weihnachtsferien vor? Willst du verreisen?

MICHAEL: *Im Grunde genommen* hätte ich schon Lust dazu. Aber ich habe nicht genug Geld, und ich will Huberchen auch nicht *im Stich lassen*.

URSULA: Möchtest du über die Weihnachtstage mit mir nach Hause fahren? Meine Eltern möchten dich gerne kennenlernen. Sie sind sehr nett, und sie gefallen dir bestimmt. Huberchen ist natürlich auch eingeladen. Dann kannst du *mit eigenen Augen sehen*, wie wir Deutschen Weihnachten feiern. Wenn genug Schnee fällt, können wir *die Gelegenheit wahrnehmen* und auf dem Kreuzberg schilaufen.

MICHAEL: Du, das ist wirklich nett von dir. Ich komme gerne mit. *Ehrlich gesagt*, mir fällt ein Stein vom Herzen. Ich fürchtete schon, daß Huberchen und ich allein Weihnachtslieder singen müßten.

Exercises

A. Use the English cues to complete the sentences below with idioms you have learned in this Unit. Be sure to use forms that fit the grammar of the sentences.

SABINE: Was will Michael denn eigentlich über die Weihnachtsferien tun? Wir sind ja alle nicht da. Ich habe wirklich das Gefühl, daß wir den armen Kerl _____ _____ _____. (... *walk out on*) Er muß doch _____ _____ _____ und _____ _____ _____ _____, wie eine deutsche Familie Weihnachten feiert. (... *seize the opportunity*) (... *see for himself*)

THOMAS: Es wird _____ _____ _____ wohl nicht anders sein als in Amerika. (*basically*) Ich finde, das Weihnachtsfest ist ein furchtbares Theater. _____ _____ bin ich froh, daß ich diesmal nicht nach Hause fahre. (*Frankly*)

B. Rewrite the sentences below, in each instance replacing the words in italics with an idiom you have learned.

Reminder: selbst   oneself, for oneself
              benutzen   to make use of, to use
              jemanden allein lassen*   to leave someone alone
              offen   open, frank
              grundsätzlich   basically

1. Barbara, Michael ist über die Weihnachtstage zu Ursulas Eltern gefahren. Ich *habe* es *selbst gesehen*. _____

2. Barbara, meinst du, Michael wird *die Gelegenheit benutzen* und sich mit Ursula verloben? _____

3. Bestimmt nicht, Stefanie! Glaub mir, wenn ich will, *läßt er Ursula allein!* _____

4. *Offen gesagt*, Barbara, ich verstehe nicht, warum du immer noch in Michael verliebt bist! _____

5. *Grundsätzlich* ist es mir ja egal, was er tut, Stefanie, aber ich bin trotzdem wahnsinnig eifersüchtig auf Ursula! _____

C. Complete the sentences in the dialogue below with appropriate idioms. You may need to use one from the preceding Unit.

MICHAEL: Wie feiert ihr eigentlich das Weihnachtsfest zu Hause, Ursula?

URSULA: Na, du wirst es ja bald _____ _____ _____ _____ _____ .
Wir feiern es schon am 24. Dezember. Am Nachmittag schmücken wir den Tannenbaum, und gegen sechs Uhr abends gehen wir alle zusammen in die Kirche. Aber _____ _____ bleibe ich lieber zu Hause und brate die Gans. Gegen neun Uhr wird gegessen. Dann zünden wir die Kerzen am Tannenbaum an und singen Weihnachtslieder. Das ist _____ _____ _____ sehr feierlich, aber ich muß immer lachen, weil meine Mutter so falsch singt. Und danach kommt die Bescherung. Wir packen unsere Geschenke aus, und dabei _____ es natürlich _____ _____ _____ . Hinterher sieht das Wohnzimmer wie ein Schlachtfeld aus, und wir sind alle völlig erschöpft.

MICHAEL: Und was tut ihr am Morgen des 25. Dezember?

URSULA: Ich spüle ab, und meine Mutter geht in die Kirche. Bist du immer noch froh, daß du _____ _____ _____ willst, ein deutsches Weihnachtsfest zu erleben?

MICHAEL: Es klingt herrlich. Und ich verspreche dir, ich werde _____ beim Abspülen nicht _____ _____ _____ .

URSULA: Sagst du das, weil du nicht mit meiner Mutter in die Kirche gehen willst?

D. Please compare one or two aspects of Christmas in Germany and in America. Give an oral report in German on differences and similarities, or participate in a class discussion on the subject. Topics you might consider are religious activities, timing (when the Christmas tree is put up and decorated, when gifts are opened, etc.), and traditional menus.

E. Write a short description of how you spent last Christmas. You can make it sound more appealing by using idioms and colorful expressions throughout.

65

Redensart

Pierre hat einen Unfall gehabt, als er mit 170 km Stundengeschwindigkeit auf der Autobahn fuhr. Sein BMW ist im Eimer, aber ihm ist nichts passiert. *Er hat wirklich mehr Glück als Verstand gehabt!*

Unit 13

Michael, der Pechvogel

1. etwas zustande bringen* to manage, to bring about
2. leider Gottes unfortunately
   (der Gott, ⸚er *God*)
3. im Eimer sein* to be ruined, to be finished
   (der Eimer, - *bucket*)
4. jemandem zuliebe for someone's sake
   (mir zuliebe; Ursula zuliebe) (for my sake; for Ursula's sake)
5. in der Zwischenzeit in the meantime

MICHAEL: Hallo, Ursula, hier Michael. Ich rufe dich vom Krankenhaus an.

URSULA: Ach du lieber Gott! Was ist denn los?

MICHAEL: Ich glaube, ich habe mir den linken Fuß gebrochen. Er ist grün und blau.

URSULA: Nun mal den Teufel nicht an die Wand! So was sieht auf den ersten Blick immer schlimmer aus, als es wirklich ist. Aber wie *hast du das* denn nur *zustande gebracht*? Bist du aus dem Schilift gefallen?

MICHAEL: Nicht aus dem Lift, sondern aus dem Bus. Beim Aussteigen bin ich *leider Gottes* über meine Schier gestolpert. Die Schier *sind* auch *im Eimer*.

URSULA: So was Dummes! Aber Kopf hoch, Michael! Ich komme in einer halben Stunde zum Krankenhaus und helfe dir. Ich will nur noch schnell zu Abend essen.

MICHAEL: Oh, *mir zuliebe* brauchst du dich nicht zu beeilen. Ich habe eine ganz süße Krankenschwester, die gut für mich sorgt.

URSULA: Du willst mich wohl eifersüchtig machen. Ich bin in fünf Minuten da. Und benimm dich *in der Zwischenzeit*!

Exercises

A. Use the English cues to complete the sentences below with idioms you have learned in this Unit. Be sure to use forms that fit the grammar of the sentences.

URSULA: Du, Mutti, ich muß zum Krankenhaus. Michael hat sich _____ _____ am Fuß verletzt. (*unfortunately*) Auch seine Schier _____ ____ _____ . (*... are broken*)

MUTTER: Oh je, wie _____ er denn das _____ _____ ? (*... has brought about*) Hoffentlich hat er sich den Fuß nicht gebrochen. Aber du ißt doch erst noch zu Abend, bevor du zu ihm fährst, nicht wahr? Ich habe extra _____ _____ Apfelstrudel gebacken. (*for your sake*) Das ist doch dein Lieblingsessen!

URSULA: Ich habe keine Zeit, und es kann eine ganze Weile dauern, bis ich wiederkomme. Stell doch den Apfelstrudel ____ _____ _____ wieder in den Ofen. (*in the meantime*) Ich esse ihn, wenn ich zurückkomme.

B. Rewrite the sentences below, in each instance replacing the words in italics with an idiom you have learned.

Reminder:
kaputt sein*	to be broken
etwas fertigbringen*	to manage, bring about
unglücklicherweise	unfortunately
meinetwegen (deinet...)	for my (your *etc.*) sake
inzwischen	in the meantime

1. Michael hat einen Unfall gehabt, und seine beiden Schier *sind kaputt*. ____

2. Mein Gott, Michael hat einen Unfall gehabt! Wie *hat* er denn *das* nur *fertiggebracht?* _____

3. Er ist *unglücklicherweise* über seine Schier gestolpert und hat sich am Fuß verletzt. _____

4. Ursula, ich habe *deinetwegen* einen wunderbaren Apfelstrudel gebacken, und jetzt willst du ihn nicht essen! _____

5. Michael wußte noch nicht, ob sein Fuß gebrochen war, aber *inzwischen* hat der Arzt ihn wahrscheinlich geröntgt. _____

C. Complete the sentences in the dialogue below with appropriate idioms. You may need to use one from the preceding Unit. Be sure to use the right verb form in each one.

MICHAEL: Grüß dich, Ursula! Du bist ja schnell hergekommen. Wie _____ du das denn _____ _____ ?

URSULA: Mein Vater hat mir sein Auto gegeben. Wie geht es dir denn, du Pechvogel?

MICHAEL: Mein Fuß ist gottseidank nicht gebrochen. Der Arzt hat ihn ____ _____ _____ geröntgt. Aber mit dem Schilaufen ist es _____ _____ in diesen Ferien aus. Und meine Schistiefel _____ auch ____ _____ !

URSULA: Nun weine nicht, wir müssen ja nicht unbedingt schilaufen. Zu Hause können wir auch Spaß haben.

MICHAEL: Willst du wirklich _____ _____ auch nicht mehr schilaufen?

URSULA: Ich kann dich doch mit deinem kranken Fuß nicht ____ _____ _____ !

D. Imagine that you broke your foot two days ago while playing soccer. Someone asks you about it, and you take advantage of the opportunity to tell your tale in great detail. Liven up your description of the event by using as many idioms as you can.

E. In order to collect on your insurance, you have to file a written report on the accident. Write a letter to the insurance company giving all the details they could possibly want to know; include the time, the place, what you were doing, what caused you to fall, which hospital took care of you, the doctor's name, the treatment, etc.

(Optional)

F. On the next page is a map of a very popular resort area in the Alps. Use it and the stylized sports signs that accompany it as the basis for a conversation with a partner about how one might spend time on a vacation. Use idiomatic expressions wherever possible to help you get your point across; try to convince your partner that the activities *you* like are the ones that ought to be pursued.

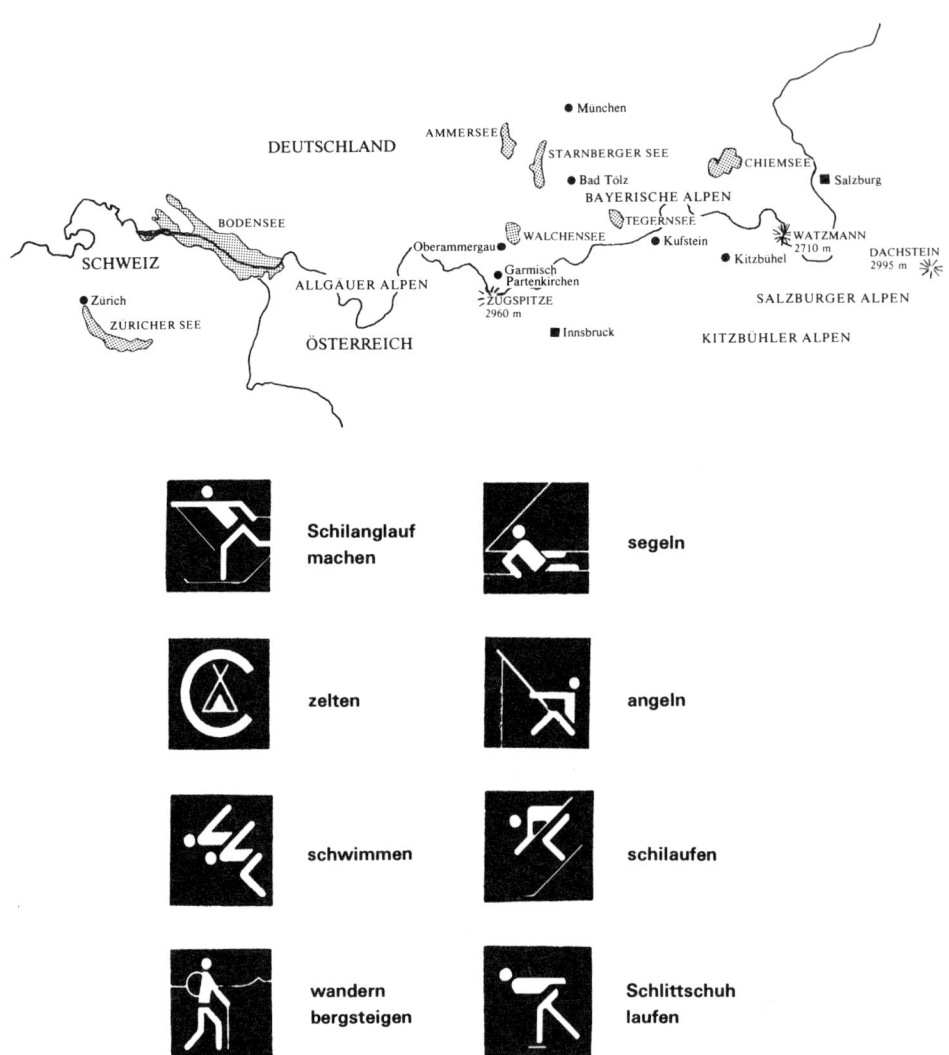

Vocabulary

schilaufen*	to ski
Schilanglauf machen	to go cross-country skiing
die Loipe, -n	cross-country ski trail
zelten	to camp
das Zelt, -e	tent
der Zeltplatz, ⸚e	campground
schwimmen*	to swim
der See, -n	lake
das Wasser	water
wandern	to hike
bergsteigen*	to climb mountains, to go mountain climbing

der Berg, -e	mountain
die Alpen (*plural*)	Alps
der Rucksack, die Rucksäcke	knapsack
segeln	to sail
das Segelboot, -e	sailboat
der Hafen, ⸚	harbor, port
angeln	to fish, angle
die Angelrute, -n	fishing rod
der Fisch, -e	fish
der Schihang, ⸚e	ski slope
der Schnee	snow
der Schi, -er	ski
Schlittschuh laufen*	to skate
der Schlittschuh, -e	skate
das Eis	ice
gefrieren*	to freeze, to freeze over

Redensart

Barbara weiß, daß Michael sich nicht für sie interessiert, aber sie will *die Flinte nicht ins Korn werfen*. Nach den Weihnachtsferien will sie ihn wieder zu einer Party einladen.

Unit 14

Geschwindigkeit kann teuer sein

1. keinen Sinn haben*   to make no sense, to be of no use
   (der Sinn *sense, point*;
   die Sinne *senses*)

2. in der Klemme sitzen*   to be in a scrape, fix, jam
   (die Klemme, -n *tight corner, pinch, clamp*)

3. aus eigener Erfahrung wissen*   to know from one's own (past) experience
   (die Erfahrung, -en *experience*)

4. unterwegs sein*   to be on one's way, out on the road

5. kein Mensch   nobody
   (der Mensch, -en *person, human being*)

URSULA: Michael, wir sind hier in einer Ortschaft. Hier sind auf Schritt und Tritt Radarfallen. Du darfst nur mit 50 km Stundengeschwindigkeit fahren.

MICHAEL: Aber das tut doch *kein Mensch*. Hier fährt doch jeder schneller als 50 km.

URSULA: Oh je, ein Polizist! Jetzt *sitzt du in der Klemme!*

MICHAEL: Da steht ja schon eine ganze Schlange von Autos.

URSULA: Lauter Hausfrauen, die zum Einkaufen *unterwegs sind*.

POLIZIST: Guten Morgen, meine Herrschaften! Sie sind leider 10 km zu schnell gefahren. Sind Sie mit 10 DM Strafe einverstanden?

URSULA: Na, wissen Sie, 10 km sind doch nicht der Rede wert. *Es hat* doch *keinen Sinn*, uns wegen so einer Kleinigkeit Schwierigkeiten zu machen. Sie sollten lieber Autodiebe jagen, als hier den armen Hausfrauen das Geld wegzunehmen. Das gibt bestimmt Ehekrach bei denen, wenn sie ohne Essen nach Hause kommen.

POLIZIST: Was wollen Sie damit sagen?

URSULA: Wenn Sie den Frauen hier das Geld wegnehmen, können sie nichts mehr zum Mittagessen einkaufen. Aber mit Suppe allein ist kein Mann zufrieden.

POLIZIST: Ja, *das weiß ich aus eigener Erfahrung.*

URSULA: Dann muß Ihre Frau wohl auch oft Strafe bezahlen?

Exercises

A. Use the English cues to complete the sentences below with idioms you have learned in this Unit. Be sure to use forms that fit the grammar of the sentences.

MICHAEL: Gestern abend hat mich ein Polizist gestoppt.

SABINE: Er hat dich sicher wegen zu schnellen Fahrens angehalten. Ich weiß _____ _____ _____ , wie leicht das passiert. (*from my own experience*) Es _____ _____ _____ , schneller als 50 km zu fahren. (*. . . makes no sense*) Es kostet nur eine Menge Geld.

MICHAEL: Das war nicht der Grund. Mein Scheinwerfer war kaputt, und wenn ich ihn nicht innerhalb der nächsten Woche reparieren lasse, muß ich Strafe bezahlen. Ich habe aber im Augenblick kein Geld, weder für die Reparatur, noch für die Strafe.

SABINE: Da _____ du ja ganz schön _____ _____ _____ ! (*. . . are in a jam*)

MICHAEL: Aber das Verrückteste an der Sache ist, daß ich gar nicht mit dem Auto, sondern mit dem Fahrrad _____ _____ . (*. . . was out on the road*) Diese Geschichte glaubt mir in Amerika _____ _____ ! (*nobody*)

B. Rewrite the sentences below, in each instance replacing the words in italics with an idiom you have learned.

Reminder:
niemand — nobody
auf dem Weg sein* — to be on one's way, on the road
sinnlos sein* — to make no sense, to be of no use
etwas selbst erfahren* — to know from one's own experience
in der Patsche sitzen* — to be in a scrape, fix, jam

1. Auf der Autobahn fährt *niemand* so langsam wie in Amerika. _____
   _____
   _____

2. Michael *war* gerade *auf dem Weg* zur Universität, als ihn ein Polizist anhielt.
   _____
   _____

3. Es *ist sinnlos*, sich wegen 10 DM mit der Polizei zu streiten. Zahlen macht Frieden. _____

4. Barbara *hat selbst erfahren*, wie es ist, wenn man Liebeskummer hat. _____

5. Meine Schier, die ich auf Kredit gekauft habe, sind im Eimer. Ich habe kein Geld mehr, weil ich den Arzt bezahlen mußte; und arbeiten kann ich nicht, weil mein Fuß noch grün und blau ist. Ich *sitze* wirklich *in der Patsche!* ____

C. Complete the sentences in the dialogue below with appropriate idioms. You may need to use one from the preceding Unit.

MICHAEL: In Amerika versteht _____ _____ , warum es auf den deutschen Autobahnen keine Geschwindigkeitsbegrenzung gibt. Wenn ich hier _____ _____ _____ , sehe ich viel mehr Unfälle als zu Hause.

THOMAS: Da hast du _____ _____ recht. Ich _____ auch _____ _____ _____ , wie gefährlich es auf den Autobahnen ist. Aber es _____ _____ _____ , zu versuchen, ein Tempolimit einzuführen. Die deutschen Autos sind für hohe Geschwindigkeiten gebaut, weil die Deutschen auf den Autobahnen rasen wollen.

MICHAEL: Und was ist los, wenn bei 170 km Stundengeschwindigkeit der Reifen platzt?

THOMAS: Na, dann _____ man ganz schön ____ _____ _____ ! Aber das Risiko akzeptieren wir. Freie Fahrt für freie Bürger!

MICHAEL: Freie Fahrt in den Tod!

D. With a classmate, act out a situation in which one of you is a policeman and the other a motorist who has just been stopped for speeding. The policeman should be firm, and accept no excuses; the motorist should be polite, but plead ignorance as a foreigner. Take turns playing the two different roles.

E. You think German roads—especially the Autobahnen—are death traps. Write a letter to the newspaper "Abendzeitung" and recommend a speed limit of 90 km, like the one on American highways. Point out that accidents at a slower speed are less serious and less frequent, and that it would help to conserve fuel.

(Optional)

F. Prepare a lecture-demonstration for your class on the meaning of the following international traffic signs. Try to avoid making the presentation too dry by using gestures, and as many idioms as you can reasonably work in.

1. Gefahrstelle
   (*Danger*)

2. Vorfahrt gewähren
   (*Yield*)

3. Verbot für Fahrzeuge aller Art
   (*All vehicles prohibited*)

4. Verbot der Einfahrt
   (*No entry*)

5. Höchstgeschwindigkeit 60 km
   (*Maximum speed of 60 km*)

6. Ende der Geschwindigkeitsbegrenzung
   (*End of speed limit*)

7. Halt! Vorfahrt gewähren
   (*Stop and give way*)

8. Vorfahrtsstraße
   (*Main road having right-of-way*)

9. Einbahnstraße
   (*One-way street*)

10. Autobahn
    (*Divided highway*)

11. Bahnübergang
    (*Railroad crossing*)

Vocabulary

das Verkehrszeichen, -	traffic sign
der Verkehr	traffic
das Zeichen, -	sign
die Gefahr, -en	danger
die Stelle, -n	place, spot
die Vorfahrt	right-of-way
gewähren	to grant, to give
das Verbot, -e	prohibition, interdiction
das Fahrzeug, -e	vehicle
die Art, -en	kind, nature, species
die Einfahrt, -en	entry, driveway
die Höchstgeschwindigkeit, -en	maximum speed
das Ende, -n	end
die Geschwindigkeit, -en	speed
die Begrenzung, -en	limit, limitation
halt!	stop!
die Autobahn, -en	divided highway, throughway
der Bahnübergang, *pl.* die Bahnübergänge	railroad crossing
die Bahn, -en	train, railroad
der Übergang, ⸚e	crossing

Redensart

Gestern hat mich ein Polizist gestoppt, weil ich in einer Ortschaft 80 km statt 50 km gefahren bin. Er wollte 10 DM Strafe.
Na, *da bist du aber noch mit einem blauen Auge davongekommen!* Normalerweise kostet das 50 DM.

Unit 15

Der Fasching

1. etwas satt haben* to be fed up with something
2. tagaus, tagein day in and day out
3. den Verstand verlieren* to lose one's mind, to go crazy
   (der Verstand *mind, reason, intelligence*)
4. im Handumdrehen in no time
5. meiner Meinung nach in my opinion
   (die Meinung, -en *opinion*)

MICHAEL: *Ich habe den Winter* wirklich *satt*. Die feuchte Kälte geht mir durch Mark und Bein, und der graue Himmel *tagaus, tagein* ist schrecklich deprimierend. Wenn das Wetter nicht bald besser wird, *verliere ich* noch *den Verstand*.

URSULA: Das geht mir genauso. Deshalb habe ich Eintrittskarten für den Faschingsball im Haus der Kunst gekauft.

MICHAEL: Ein Faschingsball! Das ist ja Klasse! Aber ich habe kein Kostüm.

URSULA: Darüber brauchst du dir nicht den Kopf zu zerbrechen. Das bekommst du *im Handumdrehen*. Hör zu! Die Bayern verkleiden sich meistens als amerikanische Cowboys. Warum kostümierst du dich nicht als bayrischer Seppl?

MICHAEL: Wunderbar! Da kann ich endlich einmal meine neue Lederhose anziehen. Und was noch? Vielleicht mein rotes Hemd?

URSULA: *Meiner Meinung nach* bist du mit Schlips und Lederhose ohne Hemd sehr viel schicker. Und wenn es dir nicht warm genug ist, kannst du ja noch einen Tirolerhut aufsetzen.

Exercises

A. Use the English cues to complete the sentences below with idioms you have learned in this Unit. Be sure to use forms that fit the grammar of the sentences.

SABINE: Dieser Winter ist wirklich gräßlich. Ich _____ die ewige Kälte wirklich _____! (*... am fed up*) Die Sonne hat schon seit Wochen nicht mehr geschienen. _____, _____ haben wir den selben grauen Himmel. (*Day in and day out*) Ich _____ noch _____ _____, wenn das lange so weitergeht. (*... lose my mind*)

THOMAS: Es ist wirklich höchste Zeit, daß wir etwas gegen deine schlechte Laune tun. _____ _____ _____ brauchen wir mal wieder Urlaub. (*In my opinion*) Hast du Lust, zum Schifahren nach Tirol zu fahren? Dann fühlst du dich bestimmt ____ _____ wieder besser. (*in no time*)

B. Rewrite the sentences below, in each instance replacing the words in italics with an idiom you have learned.

Reminder:
    verrückt werden*   to go crazy, to lose one's mind
    im Nu   in no time
    genug haben* von (+ *dative*)   to have enough of something, to be fed up with something
    meiner Ansicht nach   in my opinion, in my view
    jeden Tag   every day

1. Ich habe so viel Arbeit, daß ich kaum noch Zeit zum Schlafen habe. Wenn das nicht bald aufhört, *werde* ich noch *verrückt*! _____
_____
_____

2. Wenn du deprimiert bist, mußt du zum Fasching gehen. Dann fühlst du dich *im Nu* wieder besser. _____
_____
_____

3. Der Winter dauert viel zu lange. Ende Februar *habe* ich wirklich *genug* von der Kälte. _____
_____
_____

4. Michael, du hast jetzt schon seit drei Wochen eine Erkältung. *Meiner Ansicht nach* ziehst du dich nicht warm genug an. _____
_____
_____
_____

5. Der Schnee in den Alpen ist phantastisch. Es hat in der letzten Zeit *jeden Tag* geschneit. _____
_____
_____

C. Complete the sentences in the dialogue below with appropriate idioms. You may need to use one from the preceding Unit.

MICHAEL: Nun erzähl mir mal vom Fasching! Wie lange dauert er denn?

URSULA: Er fängt offiziell am 11. 11. um 11 Uhr vormittags an. Aber in München dauert er nur von Mitte Januar bis Ende Februar. Dann gibt es _____, _____ Faschingsbälle.

MICHAEL: Mein Gott, man kann sechs Wochen lang jeden Abend zum Fasching gehen! Da _____ man doch _____ _____!

URSULA: Na, wenn man immerzu ausgeht, _____ man es schnell _____. Am lustigsten sind _____ _____ _____ die Faschingsbälle der Medizinstudenten im Haus der Kunst. Man kann dort _____ _____ _____ viele neue Leute kennenlernen und eine Menge Spaß haben.

MICHAEL: Aber das Haus der Kunst ist doch ein Museum. Und da feiert ihr Fasching?

URSULA: Warum denn nicht?! Hübsche Mädchen in Kostümen sind doch auch Kunstwerke. Aber _____ _____ _____ _____, dir jetzt schon alles zu erzählen, wenn du es morgen mit eigenen Augen sehen kannst.

D. Please discuss the following questions in class.

1. Inwiefern ist „Hallowe'en" dem Fasching ähnlich?
2. Warum machen Feste wie Fasching und „Hallowe'en" so viel Spaß?
3. Gibt es Leute, denen ein Fest wie Fasching keinen Spaß macht? Aus welchem Grund?
4. Möchten Sie mal Fasching erleben? Warum?
5. Was für ein Kostüm würden Sie am liebsten tragen?

E. Write a short paragraph about an imaginary *Faschingsball*. Tell whether or not you had a good time (and why), and describe the best costumes of the evening. Try to make your paragraph reflect the lively mood of *Fasching* by using as many idiomatic expressions as you can.

(Optional)

F. With a classmate, act out a conversation about what movie you should go to see. Use the information in the program on the next page, taken from the newspaper, as the basis for your discussion. Use idioms where you can to help make your arguments persuasive.

FILMPROGRAMM

GLORIA-PALAST

18 Uhr und 20.30 Uhr	6. 2. bis 8. 2.	ICH HAB DIR NIE EINEN ROSENGARTEN VERSPROCHEN, von Anthony Page mit Bibi Andersson, Kathleen Quinlan. Junges Mädchen in psychiatrischer Anstalt. USA, 1977, ab 16 Jahre.
18 Uhr und 20.30 Uhr	9. 2. bis 11. 2.	DER SCHLÄFER, von und mit Woody Allen, Diane Keaton. Ein Meisterwerk des Komikers Allen. USA, 1973, ab 16 Jahre.

KAPITOL

18 Uhr und 20.30 Uhr	6. 2. bis 8. 2.	DER PROZESS, von Orson Welles, mit Anthony Perkins, Romy Schneider. Nach dem Roman von Franz Kafka. Geschichte eines Menschen, der sich gegen anonyme Gesellschaft wehrt. BRD/Frankreich/Italien, 1962, ab 16 Jahre.
18 Uhr und 20.30 Uhr	9. 2. bis 11. 2.	SOLO SUNNY, von Konrad Wolf, mit Renate Krössner, Alexander Lang. Komödie von junger Sängerin. DDR, 1979, ab 12 Jahre.

FILM-PALAST

18 Uhr und 21.30 Uhr	6. 2. bis 8. 2.	DIE BLECHTROMMEL, von Volker Schlöndorff, mit David Bennent, Angela Winkler. Nach dem Roman von Günter Grass. Ein Meisterwerk, auch als Film. BRD, 1978, ab 16 Jahre.
18 Uhr und 20.30 Uhr	9. 2. bis 11. 2.	KRAMER GEGEN KRAMER, von Robert Benton mit Dustin Hoffman, Meryl Streep. Vater entdeckt Liebe zu Sohn, Psycho- und Sozialdrama. Bester Film des Jahres; USA, 1979, ab 12 Jahre.

Vocabulary

das Filmprogramm, -e	movie schedule
der Palast, *pl.* die Paläste	palace
der Film -e	film, movie
versprechen*	to promise
der Rosengarten	rose garden
die Anstalt, -en	institution
der Schläfer, -	sleeper
das Meisterwerk, -e	masterpiece
der Komiker, -	comedian
der Prozess, -e	trial
der Roman, -e	novel
die Geschichte, -n	story
die Gesellschaft	society
sich wehren gegen (+ *accusative*)	to defend oneself against
die Komödie, -n	comedy
die Sängerin, -nen	(female) singer
die Blechtrommel, -n	tin drum
entdecken	to discover
die Liebe	love
das Drama, *pl.* die Dramen	drama

Redensart

Pierre und Michael verstehen sich ja gar nicht mehr. Ich glaube, sie sind wegen Ursula eifersüchtig aufeinander.
Du hast den Nagel auf den Kopf getroffen, Sabine!

Unit 16

Langeweile macht alt

1. mit einem Mal — all of a sudden, suddenly
2. drauf und dran sein* — to be at the point, to be about to
3. in aller Seelenruhe — coolheaded, calmly
   (die Seelenruhe   *peace of mind, coolness*)
4. auf frischer Tat — red-handed, in the act
   (die Tat, -en   *act, action*)
   jemanden auf frischer Tat ertappen — to catch someone in the act
5. die Schultern zucken — to shrug one's shoulders
   (die Schulter, -n   *shoulder*)

MICHAEL: Du, Ursula, rate mal, was mir heute Komisches passiert ist! Ich war bei einem Banküberfall dabei.

URSULA: Weiß Gott, Michael! Du hast aber einen seltsamen Sinn für Humor. So was ist doch beim besten Willen nicht komisch.

MICHAEL: Paß auf! Ich war auf der Bank, und vor mir in der Schlange stand eine elegante alte Dame. *Mit einem Mal* zog sie eine Pistole aus der Handtasche und sagte zum Bankangestellten: „Hände hoch! Geld her!"

URSULA: Hat sie denn das Geld auch bekommen?

MICHAEL: Ja, ja, *sie war drauf und dran, in aller Seelenruhe* mit 10.000 DM aus der Bank zu gehen, als die Polizei kam und sie *auf frischer Tat* ertappte. Und stell dir vor, die Polizisten kannten sie schon. Dies war ihr vierter Bankraub.

URSULA: Und was haben sie getan?

MICHAEL: Nicht viel! *Sie haben* nur *die Schultern gezuckt* und die alte Dame gefragt, ob sie sich wieder im Altersheim gelangweilt habe.

URSULA: Das ist ja unglaublich! Was hat die alte Dame denn darauf geantwortet?

MICHAEL: Oh, sie sagte, daß ein bißchen Aufregung hin und wieder sie jung erhalte. Denk dir, sie war 77 Jahre alt.

Exercises

A. Use the English cues to complete the sentences below with idioms you have learned in this Unit. Be sure to use forms that fit the grammar of the sentences.

THOMAS: Du, Ursula, bei meinen Eltern in Bad Tölz ist eingebrochen worden, als sie in Italien auf Urlaub waren. Stell dir vor, die Einbrecher sind mit einem Möbelwagen gekommen und haben ihn _____ _____ _____ beladen. (*calmly*) Sie _____ _____ _____ _____, das ganze Haus auszuräumen, als die Nachbarn schließlich die Polizei riefen. (*. . . were at the point*) Die hat die Einbrecher dann _____ _____ _____ ertappt. (*red-handed*)

URSULA: Was haben deine Eltern denn nur gesagt, als sie zurückkamen, und _____ _____ _____ war alles drunter und drüber im Haus? (*suddenly*)

THOMAS: Sie _____ nur _____ _____ . (*. . . shrugged their shoulders*) Sie dachten, ich hätte eine riesige Party gefeiert, als sie weg waren, und hinterher nicht aufgeräumt.

URSULA: Na, diesmal warst du unschuldig.

B. Rewrite the sentences below, in each instance replacing the words in italics with an idiom you have learned.

> *Reminder:* plötzlich — suddenly, all of a sudden
> dabei sein* (+ *zu* + *infinitive*) — to be about to, to be at the point
> gelassen — calmly
> die Achseln zucken — to shrug one's shoulders
> bei der Untat — in the act, while committing a crime

1. Gestern fuhr ich mit meinem Volkswagen auf der Landshuter Allee, als ein anderer Wagen *plötzlich* in mich hineinfuhr. _____

2. Ich *war dabei* auszusteigen, als der Fahrer aufs Gas trat und wegraste. _____

3. Und das erzählst du so *gelassen!* Hast du denn nicht die Polizei gerufen? _____

4. Ich bin danach natürlich zur Polizei gegangen, aber die Polizisten *haben* nur hilflos *die Achseln gezuckt*. _____

5. Es war zu spät, den Fahrer *bei seiner Untat* zu ertappen, und die Autonummer wußte ich leider nicht. _____
_____
_____

C. Complete the sentences in the dialogue below with appropriate idioms. You may need to use one from the preceding Unit. Be sure to use the correct verb tenses.

MICHAEL: Du, Ursula, da sitzen ja Thomas und Sabine. Heute mittag waren sie schrecklich schlechter Laune. Aber jetzt sehen sie _____ _____ _____ so glücklich aus. Grüß euch, ihr beiden.

SABINE: Ihr habt uns _____ _____ _____ ertappt. Wir _____ _____ _____ _____ , uns zu verloben!

URSULA: Was, das ist aber eine Riesenüberraschung! Und das erzählt ihr uns so _____ _____ _____ ! Was werden denn bloß eure Eltern dazu sagen?

SABINE: Ich habe es meinen Eltern gerade erzählt.

URSULA: Waren sie denn überrascht?

SABINE: Nicht sehr! Sie _____ nur _____ _____ _____ _____ und gesagt, daß sie diese Nachricht schon seit einiger Zeit erwartet hätten.

MICHAEL: Also, _____ _____ _____ müssen wir dieses Ereignis feiern. Wie ist es mit einer Flasche Sekt? Ist euch das recht?

ALLE DREI: Sekt ist uns immer recht!

D. Imagine that you witness a bank hold-up. When someone else (a classmate) comes along about ten minutes after the robbers have left, you describe what happened. You may want to see what becomes of your original version of the episode if that classmate in turn tells it to someone else, and so on, through four or five re-tellings. Keep it lively by using idiomatic expressions.

E. You are a journalist at the city desk of the daily newspaper "Süddeutsche Zeitung." Write a report about the bank robbery by the old lady, stressing the human-interest aspects of the story. Include an eye-catching headline with your newspaper piece.

(Optional)
F. Shop owners and labor unions in Germany have agreed to restrict the opening hours of all stores. Using the information below, have a class discussion on the pros and cons of the German system, particularly in comparison to the United States. Include points about convenience, relevance of different kinds of shops having different hours, benefits for employees, etc.

Geschäftszeiten:

Lebensmittelgeschäfte:	Mo, Di, Do:	8.00–12.30
		14.30–18.00
	Mi	8.00–12.30
		nachmittags geschlossen
	Fr	8.00–12.30
		14.30–18.30
	Sa	8.00–13.00
	So	geschlossen
Warenhäuser:	Mo, Di, Mi, Do:	9.30–18.00
	Fr	9.30–18.30
	Sa	9.30–14.30
	Am 1. Samstag jeden Monats und 4 Samstage vor Weihnachten	9.30–18.00

Vocabulary

das Geschäft, -e	store, shop
die Geschäftszeit, -en	business hours
das Lebensmittelgeschäft, -e	food store
das Warenhaus, *pl.* die Warenhäuser	department store
der Ladenbesitzer, -	store owner, shop owner
die Gewerkschaft, -en	labor union
der Verkäufer, -	salesman, assistant, sales clerk
die Arbeitszeit, -en	working hours
die Freizeit, -en	free time
die Mittagspause, -n	lunch break
der Vorteil, -e	advantage, merit
der Nachteil, -e	disadvantage, drawback
der Lohn, ⸚e	pay, salary, income
die Überstunde, -n	overtime
der Ladenschluß	closing time

das Gesetz, -e	law
öffnen	to open
geöffnet	open
schließen*	to close, to lock
geschlossen	closed
einkaufen	to shop, to go shopping
der Kunde, -n	(male) customer
die Kundin, -nen	(female) customer

Sprichwort

Die alte Dame hat ja wirklich Mut gehabt, daß sie einen Überfall auf die Bank gemacht hat.
Ja, aber weißt du, *wer nicht wagt, der nicht gewinnt.*

Unit 17

Der Polterabend

1. keine Ahnung haben* von (+ *dative*)
   (die Ahnung, -en *idea, notion, suspicion, premonition*)

   not to have any idea of

2. Angst haben* vor (+ *dative*)
   (die Angst, ¨e *fear, fright*)

   to be afraid of

3. etwas in Kauf nehmen*
   (der Kauf, ¨e *bargain, buy*)

   to put up with something

4. von mir aus

   as far as I am concerned

5. seit eh und je

   from time immemorial

URSULA: Du, Michael, am Freitag feiern wir Thomas und Sabines Polterabend. Du mußt unbedingt Pierre, Barbara und Stefanie einladen. Und sag ihnen vor allen Dingen, daß sie alte Teller, Tassen und Gläser mitbringen sollen!

MICHAEL: Warum denn das? Haben wir denn nicht genug?

URSULA: Na, Michael, ich glaube, *du hast keine Ahnung,* was ein Polterabend ist. Alle Freunde von Thomas und Sabine kommen, und gegen zwölf Uhr nachts zerwerfen wir eine Menge Geschirr vor der Wohnungstür.

MICHAEL: Um Gottes Willen! Wenn Herr Leitner den Lärm hört, kündigt er uns.

URSULA: Vor Herrn Leitner brauchst du diesmal keine *Angst* zu *haben.* Er *nimmt* den Lärm schon *in Kauf,* wenn er hört, daß wir Polterabend feiern. *Von mir aus* können wir ihn ja auch einladen.

MICHAEL: Aber warum müssen wir denn all das Geschirr zerwerfen?

URSULA: Das wird *seit eh und je* so gemacht. Es ist ein alter Brauch. Scherben bringen Glück. Wenn man einem jungen Paar Glück für die Ehe wünschen will, zerwirft man am Abend vor der Hochzeit eine Menge Geschirr. Je mehr, desto besser.

Exercises

A. Use the English cues to complete the sentences below with idioms you have learned in this Unit. Be sure to use forms that fit the grammar of the sentences.

Liebe Mutter!

Gestern war Thomas und Sabines Polterabend. Du glaubst gar nicht, wieviel Spaß wir hatten, als wir all das alte Geschirr vor der Wohnungstür zerwarfen. Du _____ sicher keine_____ , warum wir das taten. (... *have no idea*) Ich wußte es auch nicht, aber Ursula sagt, es wird _____ ____ _____ ____ gemacht, um dem jungen Paar Glück zu wünschen. (*from time immemorial*) Vor Herrn Leitner brauchten wir auch keine _____ zu _____ , denn den Lärm am Polterabend _____ jeder gern ____ _____ . (... *to be afraid*) (... *puts up with*) Wir feierten dann noch bis ein Uhr morgens. _____ _____ _____ hätten wir noch lange weitermachen können, aber am nächsten Morgen mußten wir alle früh aufstehen. (*As far as I am concerned*) Über die Hochzeit erzähle ich Dir im nächsten Brief.

                                Viele Grüße,
                                Dein Michael

B. Rewrite the sentences below, in each instance replacing the words in italics with an idiom you have learned.

Reminder:
seit jeher	from time immemorial
wissen*	to know (facts)
sich fürchten vor (+ *dative*)	to be afraid of
etwas hinnehmen*	to put up with something
meinetwegen	as far as I am concerned

1. Bier wird in Deutschland *seit jeher* getrunken, aber Whiskey ist erst seit dem zweiten Weltkrieg so beliebt. _____

2. Michael *wußte nicht*, warum Huberchen so bellte, aber dann entdeckte er den Einbrecher auf dem Balkon. _____

3. Es klingt unglaublich, aber der Einbrecher *fürchtete sich vor Huberchen*. _____

4. Wenn man so ein altes Auto hat wie Michael, muß man *es* schon *hinnehmen*, daß man oft Pannen hat. _____

5. *Meinetwegen* könnt ihr soviel Lärm machen wie ihr wollt. Polterabend feiert man nur einmal im Leben. _____
_____
_____

C. Complete the sentences in the dialogue below with appropriate idioms. You may need to use one from the preceding Unit.

SABINE: Du, Thomas, meine Mutter hat _____ _____ _____ die ganze Hochzeit organisiert, ohne uns zu fragen. Stell dir vor, sie hat über 80 Gäste eingeladen. Ich _____ _____ _____ , daß wir zwei so viele Verwandte haben.

THOMAS: Naja, _____ _____ _____ können so viele Verwandte kommen wie wollen. Ich _____ aber _____ _____ den Hochzeitsgeschenken. Man bekommt all diese unpraktischen und geschmacklosen Sachen geschenkt und muß sich auch noch dafür bedanken.

SABINE: Na, ich glaube, das müssen wir _____ _____ _____ , wenn wir Gäste einladen. Hochzeitsgeschenke sind nun einmal _____ ____ _____ ____ Brauch. Wir können doch den Gästen nicht sagen, sie sollen uns Bargeld schenken.

THOMAS: Du, im Ernst, das wäre gar keine schlechte Idee!

D. Act out your end of three different phone calls to friends, where you are inviting them to come to your *Polterabend*. Tell them the time, the place, and—of course—to bring old dishes. One of the people you call (a visiting American) needs an explanation of what a *Polterabend* is, another is eager to come and wants to bring a friend, and the third you have to try to talk into coming (it's someone with a conflict).

E. Choose one of the following situations and write the appropriate letter to propose marriage—or, if you prefer, try your hand at each. You may find you are more of an old-fashioned individual than you realized.

   a. You are a young man of means, proposing to a respectable young lady you met a month ago. The time is 1880.

   b. You are a student at an all girls' college, and you live in an apartment you share with a dog. Your intended is your high school sweetheart, captain of the soccer team; he has a cat. Compatibility of the pets is a major consideration. The time is 1980.

(Optional)

F. Give oral directions to a friend trying to get from the university to an apartment on *Occamstraße*. Be as concise as you can without leaving out details—and watch out for one-way streets, since your friend is driving. Use the map below.

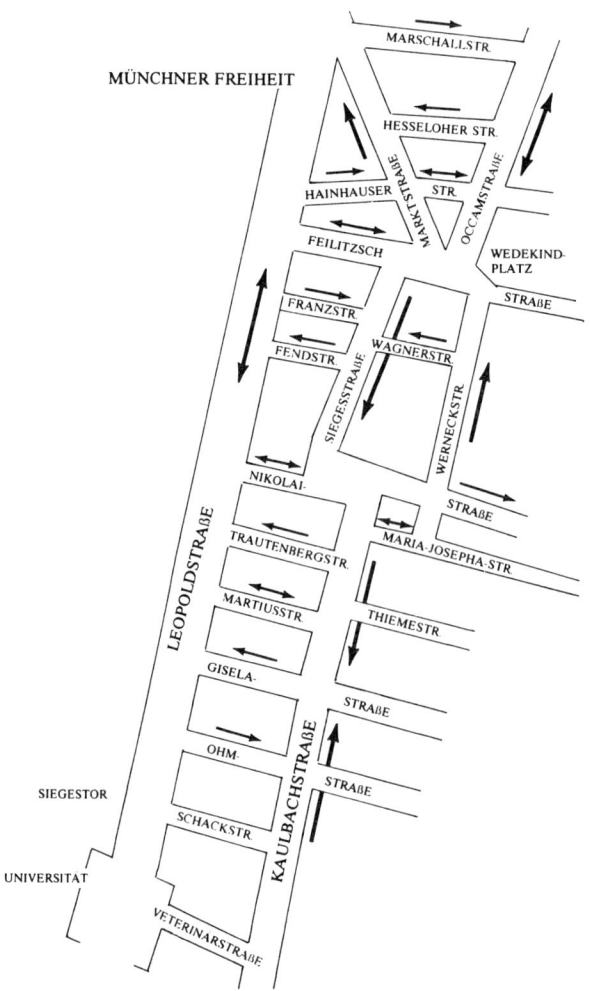

Vocabulary

die Straße, -n	street
die Allee, -n	avenue
die Gasse, -n	alley way
der Weg, -e	way, path, street
die Einbahnstraße, -n	one-way street
die Hauptstraße, -n	main street
die Nebenstraße, -n	side street
die Seitenstraße, -n	side street
die Straßenecke, -n	street corner
das Straßenschild, -er	street sign
die Ampel, -n	traffic light
das Gebäude, -	building
das Tor, -e	gate
die Kirche, -n	church
der Brunnen, -	fountain
der Platz, ⸚e	square, place
die Seite, -n	side
auf der linken Seite	on the left
auf der rechten Seite	on the right
links	on the left
rechts	on the right
nach links	to the left
nach rechts	to the right
sich links halten*	to keep, bear left
nach links einbiegen*	to turn to the left
geradeaus fahren*	to drive straight ahead

Sprichwort

Du, Sabine, diese Uhr von deiner Tante Rosi ist ja von sehr schlechter Qualität. Das war wohl ein Sonderangebot bei Woolworth.
Hör auf, Thomas! *Einem geschenkten Gaul schaut man nicht ins Maul.*

Unit 18

Gleiche Rechte, gleiche Pflichten

1.	schließlich und endlich	after all
2.	nicht in Frage kommen* (die Frage, -n *question*)	to be out of the question
3.	jemanden in Frieden lassen* (ich lasse ihn in Frieden) (der Friede(n) *peace*)	to leave someone alone, in peace (I leave him alone)
4.	in Ordnung (die Ordnung *order*)	all right, in order
5.	in Zukunft (die Zukunft *future*)	from now on, in the future

URSULA: Na, Thomas, was denkst du denn, wird Sabine weiterstudieren?

THOMAS: Natürlich, eine Frau braucht doch einen Beruf! *Schließlich und endlich* kann mir doch etwas passieren, und wovon soll sie dann leben?

URSULA: Denkst du denn, daß sie auch arbeitet, wenn ihr Kinder habt?

THOMAS: Das *kommt nicht in Frage!* Die Kinder brauchen doch ihre Mutter.

URSULA: Hast du Sabine das schon erzählt? Ich weiß, daß sie sich sehr für ihr Studium interessiert und hofft, Karriere zu machen.

THOMAS: Aber das geht doch nicht, wenn wir Kinder haben.

URSULA: Will Sabine denn überhaupt Kinder?

THOMAS: Nein, nicht besonders! Aber ich will unbedingt Kinder, vor allen Dingen einen Sohn!

URSULA: Warum bleibst du dann nicht bei den Kindern? Kinder brauchen auch ihren Vater.

THOMAS: Ach, *laß mich in Frieden!* Ich will doch nicht den ganzen Tag bei den Kindern sein. Ich muß doch Geld verdienen. Außerdem habe ich viel bessere Chancen im Beruf als Sabine.

URSULA: Aber ihr studiert doch beide Chemie.

THOMAS: Sabine ist doch nur eine Frau. Sie kann nicht so viel verdienen wie ich.

URSULA: Und wenn dir was passiert? Dann muß sie das Geld für die Familie verdienen. Findest du es *in Ordnung*, daß sie dann weniger verdient als du?

THOMAS: Du hast ja recht. Richtig ist es vielleicht nicht. Aber es ist nun einmal so. Daran wird sich auch *in Zukunft* nichts ändern.

URSULA: Weil alle Männer so denken wie du!

Exercises

A. **Use the English cues to complete the sentences below with idioms you have learned in this Unit. Be sure to use forms that fit the grammar of the sentences.**

URSULA: Du, Sabine, hast du mit Thomas schon über deine Berufspläne gesprochen? _____ _____ _____ muß er ja wissen, was du dir darüber denkst. (*After all*)

SABINE: Ach, Ursula, _____ _____ ____ _____ ! (*leave me alone*) Das sage ich ihm schon, wenn die Zeit da ist.

URSULA: Thomas denkt vielleicht, daß du ____ _____ nur noch Hausfrau sein willst. (*in the future*).

SABINE: Das _____ _____ ____ _____ ! (*. . . is out of the question*) Da würde ich den Verstand verlieren. Glaubst du im Ernst, er denkt das?

URSULA: Das denken doch die meisten Männer. Ehrlich gesagt, ich kann mir gut vorstellen, daß er das ganz ____ _____ findet. (*all right*)

SABINE: Aber ich nicht! Oh je, das wird unser erster Ehekrach!

B. Rewrite the sentences below, in each instance replacing the words in italics with an idiom you have learned.

Reminder:
immerhin — after all
nicht in Betracht kommen* — to be out of the question
gut — all right, o.k.
von nun an — from now on
jemanden in Ruhe lassen* — to leave someone alone, in peace

1. Sabine will unbedingt ihren Beruf ausüben. *Immerhin* hat sie vier Jahre lang Chemie studiert. _____

2. Was, Sabine, du willst auch Karriere machen? Das *kommt nicht in Betracht*! _____

3. Vielleicht ist es nicht *gut*, wenn du aufhörst zu studieren. Aber wenn wir Kinder haben, mußt du zu Hause bleiben. _____

4. Ich habe Angst, Thomas und Sabine werden *von nun an* eine Menge Krach haben, weil Sabine auch Karriere machen will. _____

5. Ich wünschte, Sabine *würde mich* mit ihren Berufsplänen *in Ruhe lassen*. Meine Mutter ist doch auch zufrieden als Hausfrau. _____

C. Complete the sentences in the dialogue below with appropriate idioms. You may need to use one from the preceding Unit.

URSULA: Michael, was hältst du denn von Thomas und Sabines Streit? Was würdest du sagen, wenn Sabine deine Frau wäre?

MICHAEL: _____ _____ _____ könnte Sabine tun, was ihr gefällt. _____ _____ _____ ist sie eine erwachsene Frau, die weiß, was sie will. Ich finde es ganz _____ _____ , daß sie Karriere machen will.

URSULA: Auch, wenn du als Mann ____ _____ beim Abspülen helfen müßtest?

MICHAEL: Ich abspülen? Das _____ _____ ____ _____ ! Ich würde sofort eine Geschirrspülmaschine kaufen.

URSULA: Michael, du hast meine Frage nicht beantwortet.

MICHAEL: Ach, Ursula, _____ _____ ____ _____ ! Dieses Gerede über die Gleichberechtigung finde ich ehrlich gesagt ziemlich langweilig.

URSULA: Du denkst im Grunde genommen auch nicht anders als Thomas.

MICHAEL: Na, Ursula, wir haben unseren ersten Ehekrach wohl schon, bevor wir überhaupt verlobt sind.

D. Please participate in a class discussion or debate on the roles that men and women play in our society. You may want to think about how you would answer the following questions:

   a. Welche Rollen spielten Männer und Frauen früher?

   b. Sind solche Rollen heute noch typisch?

   c. Was halten Sie von den alten Traditionen?

   d. Gibt es gute Argumente gegen die Gleichberechtigung?

   e. Was bedeutet ,,Gleiche Rechte, gleiche Pflichten'' Ihrer Meinung nach?

E. Write a paragraph of 9 or 10 sentences describing your plans for the future. Include comments about how your education fits in with your career plans, whether and when you expect to marry and raise a family, where you would like to work, how much money you hope to earn, and how you feel about your chances given societal traditions and expectations.

(Optional)

F. German TV has only three channels, two that carry national programs and one that is run independently by each state. Commercials are almost nonexistent; instead, viewers pay a monthly fee for TV use.

On the next page is a copy of the program for the two national channels, for one day. With a classmate, act out a situation in which one of you wants to watch something on the *1. Programm*, and the other prefers something on the *2. Programm*. Please defend the merits of your choice. You may try to reach a compromise, whereby you first watch one channel and later switch.

1. PROGRAMM

- **14.10 Tagesschau**
- **14.15 Sesamstraße**
- **15.05 Warten auf Regen**
  Tschechoslowakischer Film für Kinder
- **17.00 Kalles Oma**
  Für Kinder: Aus der Sendereihe „Denkste!?" ein Film über einen Jungen, der bei seiner Oma lebt
- **17.50 Tagesschau**
  Regionalprogramm
  MÜNCHEN
  18.00 Abendschau aktuell
  18.15 Franz Josef Wanninger
  18.45 Robins Nest
  19.15 Abendschau
- **20.00 Tagesschau**
- **20.15 Komödie der Irrungen**
  Von William Shakespeare (1564–1616) — Fernsehbearbeitung: Philip Casson; Regie: Trevor Nunn — Aufführung der Royal Shakespeare Company
- **22.30 Tagesthemen**
  Mit dem Bericht aus Bonn
- **23.00 Die Sportschau**
- **23.25 Der Chef**
  Heute in der US-Krimireihe die Folge „Lauter ehrbare Bürger" — Mit Raymond Burr als Ironside Es spielen: Robert T. Ironside (Raymond Burr), Sergeant Ed Brown (Don Galloway), Fran Belding (Elizabeth Baur), Mark Sanger (Don Mitchell), Mr. Stierwalt (William Daniel), Miss Lewis (Sandra Smith) und andere — Regie: Russ Mayberry
  (Wiederholung vom 21. Februar 1974)
- **0.10 Tagesschau**
  Sendeschluß ca. 0.15

2. PROGRAMM

- **14.50 Die Geschichte von Babar, dem kleinen Elefanten**
  Hans Clarin erzählt von der Elefantenstadt. Morgen, um 13.15, neue Geschichten von Babar
- **15.15 Bittere Beeren**
  Sowjetischer Jugendfilm aus dem Jahre 1977 Der Film beschreibt die Freundschaft zwischen der 12jährigen Nargis und dem Jungen Erkin.
- **17.00 Heute**
- **17.10 Technik für Kinder**
  In der Serie heute: „Achtung, Laserstrahl!" Eine Sendung von und mit Volker Arzt
- **18.00 Das Haus am Eaton Place**
  In der Familienserie heute: „Späte Illusion" (Wiederholung vom 23. April 1977) Aufregung im Haus am Eaton Place! Butler Hudson verliebt sich in das Hausmädchen Lily. Er will sie heiraten und seine Stellung kündigen. Lily hat von Hudsons Plan aber noch keine Ahnung...
  Es spielen: Hudson (Gordon Jackson), Lily (Karen Dotrice), Mrs. Bridges (Angela Baddeley) u.a.
- **19.00 Heute**
- **19.30 Erkennen Sie die Melodie?**
  Musikalisches Ratespiel mit Johanna von Koczian
- **20.15 Aus Forschung und Technik**
  Vorgesehenes Thema: Raumfahrt-Technik für die 80er Jahre und danach — Dazu aus den USA die Raumfähre „Shuttle" und aus Westeuropa „Spacelab" und die „Ariane"-Rakete — Leiter der Sendung ist Heinrich Schiemann
- **21.30 Die drei Musketiere**
  Englischer Abenteuerfilm aus dem Jahre 1973. Regie: Richard Lester — Morgen um 21.35: „Die vier Musketiere — Die Rache der Milady"
- **23.10 Höhepunkte einer Karriere**
  Das Beste aus den Dean-Martin-Shows
- **0.10 Heute**
  Sendeschluß ca. 0.15

Vocabulary

das Programm, -e	program
die Tagesschau	News program on Channel 1
die Sesamstraße	the American program *Sesame Street*
tschechoslowakisch	Czechoslovakian
die Sendereihe, -n	TV series
Denkste = Das denkst du	That's what you think (*TV series for children*)
das Nest, -er	nest
die Abendschau	evening magazine of the Bavarian TV station
Komödie der Irrungen	*Comedy of Errors*
die Fernsehbearbeitung, -en	adaptation for television
die Regie	direction
die Aufführung, -en	performance
das Thema, *pl.* die Themen	topic, subject
der Bericht, -e	report
die Sportschau	Sports program on Channel 1
die Krimireihe, -n	weekly police story
der Krimi = der Kriminalfilm	detective movie
die Wiederholung, -en	repetition, repeat
der Sendeschluß	end of transmission
der Elefant, -en	elephant
bitter	bitter
die Beere, -n	berry
der Jugendfilm, -e	film for children
die Freundschaft, -en	friendship
die Technik	technology
Achtung!	Attention!
der Laserstrahl, -en	laser beam
die Illusion, -en	illusion
die Aufregung, -en	excitement
das Hausmädchen, -	maid
die Stellung, -en	position, job
kündigen	to give notice, to quit
der Plan, ⸚e	plan
Heute	News program on Channel 2
erkennen*	to recognize
die Melodie, -n	melody
musikalisch	musical
das Ratespiel, -e	guessing game
die Forschung, -en	research
etwas vorsehen*	to plan something
die Raumfahrt, -en	space travel
die Raumfähre, -n	space shuttle
die Rakete, -n	rocket
der Leiter, -	guide, director
das Abenteuer, -	adventure

die Sendung, -en	program, report, film (on TV)
die drei Musketiere	*The Three Musketeers*
die Rache	revenge
der Höhepunkt, -e	culmination, climax, high point

Redensart

Was, Sabine will Karriere machen? *Die hat aber große Rosinen im Kopf*! Warte nur, wenn sie erst Kinder hat, ist es vorbei mit diesen Plänen!

Unit 19

Noch eine Verlobung

1. Hals über Kopf
   (der Hals, ⸚e *neck*)
   head over heels, precipitately

2. sich klar sein* über (+ *accusative*)
   (das ist ihm klar)
   (ich bin mir klar darüber, daß ...)
   to realize
   (he realizes that)
   (I am aware of the fact that ...)

3. jemandem einen Gefallen tun*
   (ich tue ihm einen Gefallen)
   (der Gefallen *favor*)
   to do someone a favor
   (I do him a favor)

4. imstande sein*
   to be able to, capable of

5. auf jeden/keinen Fall
   (der Fall, ⸚e *case*)
   in any/no case

Liebe Mutter!

Jetzt habe ich wirklich eine Überraschung für Dich. Ich habe mich mit Ursula verlobt! Du wirst vielleicht glauben, daß wir uns dazu *Hals über Kopf* entschlossen hätten. *Uns ist* aber schon seit Weihnachten *klar*, daß wir zusammenbleiben wollen. Du würdest *mir einen* großen *Gefallen tun*, wenn Du es Vater bei passender Gelegenheit sagtest.

Ursula und ich wollen beide halbtags arbeiten und studieren. Dann werden wir schon *imstande sein*, die Miete und das Studiengeld zu bezahlen. Wegen des Geldes braucht Ihr Euch *auf keinen Fall* Sorgen zu machen.

Ich freue mich schon sehr auf unser Wiedersehen in sechs Wochen. Ursula wird Dir bestimmt gefallen.

       Ganz viele Grüße,

       Dein Michael

Exercises

A. Use the English cues to complete the sentences below with idioms you have learned in this Unit. Be sure to use forms that fit the grammar of the sentences.

MICHAEL: Sabine, kannst du _____ _____ _____ _____ und Pierre sagen, daß Ursula und ich uns verlobt haben? (*... do me a favor*) Ich glaube nicht, daß ich _____ _____ , es ihm selbst zu sagen. (*... am able*) Er ist doch mein bester Freund, und er hat Ursula auch sehr gern.

SABINE: Ich glaube, es _____ _____ schon lange _____ , daß er keine Chancen bei Ursula hatte. (*... he realizes*) Ihr habt euch ja nicht gerade _____ _____ _____ verlobt. (*head over heels*) Pierre hat das sicher schon seit einer Weile erwartet. _____ _____ _____ interessiert er sich in der letzten Zeit für Stefanie. (*In any case*) Er hat sie ja auf unserem Polterabend kennengelernt.

MICHAEL: Da fällt mir aber ein Stein vom Herzen.

B. Rewrite the sentences below, in each instance replacing the words in italics with an idiom you have learned.

Reminder:
einsehen*	to realize, to understand
jedenfalls	in any case
können*	to be able to
so nett sein* ...	to be so nice
übereilt	precipitately

1. Ursula, ich hoffe, du *siehst ein*, daß du in Amerika halbtags arbeiten mußt, weil das Studiengeld sehr hoch ist. _____

2. Es ist *jedenfalls* billiger, in Deutschland zu studieren. _____

3. Ursula *kann* in Amerika arbeiten, weil sie eine Arbeitserlaubnis bekommt. _____

4. Sabine, bitte *sei so nett* und sage Pierre, daß Ursula und ich heiraten wollen. _____

5. Ich hoffe, Pierre wird sich nicht *übereilt* mit Stefanie verloben. _____

C. Complete the sentences in the dialogue below with appropriate idioms. You may need to use one from the preceding Unit.

SABINE: Mensch, Ursula, ich finde es ja ganz toll, daß du dich so _____ _____ _____ entschließt, nach Amerika zu gehen. Ich bin wirklich gespannt, wie es dir gefällt. _____ _____ _____ und schreibe mir so oft wie möglich!

URSULA: Natürlich! Ich hoffe, Thomas und du _____ _____, uns nächsten Sommer zu besuchen.

SABINE: Wenn irgend möglich, wollen wir das auch tun. _____ _____ _____ fangen wir jetzt gleich an, Geld für die Reise zu sparen. Ich möchte unbedingt New York und San Franzisko sehen. Und von „Banana split" und „Apple pie à la mode" träume ich schon jetzt.

URSULA: Na, dann brauchen wir wenigstens nicht zu kochen, wenn du kommst. Aber hoffentlich _____ du _____ _____ darüber, daß du das süße Zeug schnell satt bekommst. Außerdem ist es schlecht für deine Zähne.

SABINE: Das Risiko nehme ich gern in Kauf. _____ _____ _____ bekomme ich eine solche Chance nicht jeden Tag.

D. Discuss in class Michael und Ursula's chances for happiness. You may want to think about the following questions:

a. Haben Michael und Ursula sich übereilt verlobt?

b. Können sie beide weiter studieren, oder muß einer von ihnen arbeiten?

c. Sollten sie lieber in Amerika oder in Deutschland wohnen? Warum?

E. You have just filled out an application for a bank loan for tuition. Write a letter to the loan officer in support of your application, trying to persuade him that you ought to be loaned the money even though you have just gotten married, your wife is pregnant (*ein Kind erwarten*), your parents won't help you, and your grades (*die Note, -n*) are bad. The bank is likely to consider you a bad risk, so you'll need to do everything you can to be convincing.

(Optional)

F. A German student who is planning a trip to the United States wants to know what a banana split is, having heard that it is the ultimate American dessert. Describe it for him, trying to explain why that gooey mass is so popular.

Vocabulary

die Banane, -n	banana
das Eis	ice cream
der Geschmack	flavor
die Vanille	vanilla
die Schokolade, -n	chocolate
die Erdbeere, -n	strawberry
der Mokka	mocha
die Zitrone, -n	lemon
die Himbeere, -n	raspberry
die Kugel, -n	scoop
die Sauce, -n	sauce
die Ananas, -	pineapple
die Nuß, *pl.* die Nüsse	nut
die Schlagsahne	whipped cream
die Schokoladenstreusel (*pl.*)	chocolate sprinkles
die Schokolinsen (*pl.*)	M&M's
die Schale, -n	bowl, dish
der Löffel, -	spoon

Redensart

Du, Sabine, Ursula und ich haben uns verlobt, aber *ich kann es nicht übers Herz bringen*, es Pierre zu sagen. Er mag Ursula doch auch sehr gern, und er ist mein bester Freund. Er wird bestimmt traurig sein.

Unit 20

Abschied

1. keine andere Wahl haben*
   (die Wahl, -en *choice*)

   to have no other choice, to have to do something

2. ja und amen sagen zu (+ *dative*)
   to give one's consent to

3. mein ganzes Leben lang
   all my life

4. auf eigenen Füßen stehen*
   to stand on one's own feet

5. jemandem einen Vorschlag machen
   (ich mache ihm einen Vorschlag)
   (der Vorschlag, ⸚e *suggestion, proposal*)

   to make a suggestion to someone

   (I am making a suggestion to him)

URSULA: Mein Gott, Mutti, nun sei nicht so traurig darüber, daß ich mit Michael nach Amerika gehe!

MUTTER: *Ich habe ja keine andere Wahl, als ja und amen dazu zu sagen.* Aber es ist sehr schlimm für mich, dich zu verlieren und so ganz ohne Kinder alt zu werden. *Mein ganzes Leben lang* habe ich für dich gesorgt. Es ist nicht leicht, sich daran zu gewöhnen, daß du nun erwachsen bist und *auf eigenen Füßen stehst.* Wenn Amerika nur nicht so weit weg wäre!

URSULA: Aber Mutti, es sind doch nur acht Stunden mit dem Flugzeug.

MUTTER: Aber es kostet so viel. Und wenn ich einmal Enkelkinder habe, kann ich nicht einmal mit ihnen sprechen, weil ich kein Englisch kann.

URSULA: *Ich mache dir einen Vorschlag.* Du lernst Englisch, und die Enkelkinder lernen Deutsch. Dann gibt es keine Probleme. Und nun mach nicht mehr so ein trauriges Gesicht!

Exercises

A. Use the English cues to complete the sentences below with idioms you have learned in this Unit. Be sure to use forms that fit the grammar of the sentences.

PIERRE: Grüß dich, Michael! Ich _____ wohl _____ _____ _____, als dich zu deiner Verlobung mit Ursula zu beglückwünschen. (... *have no other choice*) Ich muß sagen, _____ _____ _____ _____ habe ich so ein Mädchen wie Ursula gesucht, und nun heiratest du sie! (*all my life*) Naja, jetzt kann ich nur noch ___ ___ ___ dazu _____. (... *give my consent*) Ich hoffe, ihr werdet sehr glücklich miteinander.

MICHAEL: Armer Pierre! Ich _____ _____ _____ _____. (... *make a suggestion to you*) Nächsten Sommer kommst du mit Thomas und Sabine und besuchst uns. Bis dahin haben wir unsere eigene Wohnung in Boston und _____ _____ _____ _____. (... *stand on our own feet*) Ihr könnt alle drei bei uns wohnen, und wir haben genauso viel Spaß miteinander wie hier in München. Es gibt zwar keinen „Humpelmeyr", aber das Essen ist auch in Amerika nicht schlecht.

B. Rewrite the sentences below, in each instance replacing the words in italics with an idiom you have learned.

Reminder:
selbständig sein*	to be independent
immer	always
sich abfinden* mit (+ *dative*)	to resign oneself to, to put up with
nicht anders können*	to have to do something, to have no other choice
vorschlagen*	to suggest

1. Es ist schwer für Ursulas Mutter, daß ihre Tochter nun *selbständig ist*. ___

2. Sie hat *immer* für Ursula gesorgt, und nun will Ursula sie verlassen. ___

3. Aber Frau Baumann kann es nicht verhindern. Sie muß *sich damit abfinden*.

4. Auch Pierre *kann nicht anders*, als Michael und Ursula Glück zu wünschen. ___

5. Michael *schlägt seinem Freund vor*, im nächsten Jahr nach Boston zu kommen.
_____
_____
_____

C. **Complete the sentences in the story below with appropriate idioms. You may need to use one from the preceding Unit. Be sure to use the correct verb forms.**

Die Abschiedsparty für Ursula und Michael war ein ganz großer Erfolg. Zuerst wollten Ursulas Eltern ja nicht, daß wir ein Restaurant mieten. Wir sollten bei ihnen zu Hause feiern. Aber als sie hörten, wieviele Gäste wir einladen wollten, _____ sie ____ _____ _____ _____ . Wir waren über 50 Personen. Die Baumanns _____ wirklich _____ _____ _____ . Ihr Haus war viel zu klein für so viele Leute. Ich sage dir, diese Party werden Ursula und Michael _____ _____ _____ _____ nicht vergessen. Wir hatten eine Disko-Band und haben bis fünf Uhr morgens getanzt. Ursula und Michael wollen ja von nun an _____ _____ _____ _____ , aber als sie von der Party kamen, waren sie ziemlich lahm. Und morgens um halb neun mußten sie _____ _____ _____ zum Flughafen fahren, weil sie zu spät aufgestanden waren. Die Ärmsten werden nicht viel von ihrem Flug gemerkt haben. Sie haben bestimmt bis New York durchgeschlafen.

D. **With a classmate, act out a scene in which one of you is a student with very little money, planning a long trip to the United States, and the other is a travel agent. Take turns playing the two roles. In the student role, your aim is to see as much as possible, including the major cities, the Grand Canyon, and the forests of California. In the travel-agent role, you want to be rid of this client with big plans and little money as quickly as possible without being rude.**

E. **Imagine that you are a German university student traveling in the United States. Write a letter home, comparing life in the United States as you are seeing it with what you know about life in Germany. You may want to include observations on transportation, food, the geography, and the people you meet. Make your letter as long and exciting as you can, enlivening it with as many idioms as possible.**

(Optional)

F. The school year is over, and you have to vacate your apartment or dormitory room. You decide to sell your belongings in a yard sale or at one of the local flea markets. Make a list of the items you want to get rid of, and then be prepared to try to "sell" things from that list to your classmates. Anticipating that they will drive hard bargains, arm yourself with idioms and colorful expressions that you can use to help make your goods sound like wonderful finds.

Sprichwort

Ende gut, alles gut!

Proverbs and Idiomatic Expressions

Unit 1:	Aller Anfang ist schwer!	The beginning is the hardest.
Unit 2:	Mir fällt ein Stein vom Herzen.	That takes a load off my mind.
Unit 3:	Was Hänschen nicht lernt, lernt Hans nimmermehr.	You can't teach an old dog new tricks.
Unit 4:	die Katze im Sack kaufen	to buy a pig in a poke
Unit 5:	Hunger ist der beste Koch.	Hunger is the best cook.
Unit 6:	Lügen haben kurze Beine.	Lies have short legs.
Unit 7:	Hunde, die bellen, beißen nicht.	Barking dogs do not bite.
Unit 8:	Irren ist menschlich.	To err is human.
Unit 9:	Mal den Teufel nicht an die Wand!	Don't tempt fate! Talk of the devil and he will appear.
Unit 10:	Auf Regen folgt Sonnenschein.	Every cloud has a silver lining.
Unit 11:	munter wie ein Fisch im Wasser	as merry as a lark
Unit 12:	mehr Glück als Verstand haben	to have more (good) luck than sense
Unit 13:	die Flinte ins Korn werfen	to throw in the towel
Unit 14:	mit einem blauen Auge davonkommen	to get off cheaply
Unit 15:	den Nagel auf den Kopf treffen	to hit the nail on the head
Unit 16:	Wer nicht wagt, der nicht gewinnt.	Nothing ventured, nothing gained.
Unit 17:	Einem geschenkten Gaul schaut man nicht ins Maul.	Don't look a gift-horse in the mouth!
Unit 18:	große Rosinen im Kopf haben	to have high-flown ideas, to be overambitious
Unit 19:	etwas nicht über's Herz bringen können	not to have the heart to do something
Unit 20:	Ende gut, alles gut!	All's well that ends well!

Idioms and Their Alternatives

Unit 1:	jemandem Glück wünschen	to wish someone the best, luck, happiness, success
	jemandem Erfolg wünschen	to wish someone success, luck
	jemandem Spaß machen	to have fun with, to amuse someone
	jemandem Freude machen	to amuse someone, to give someone pleasure
	im Augenblick	at present, at the moment
	augenblicklich	at the moment, momentarily
	so bald wie möglich	as soon as possible
	so schnell wie möglich	as fast as possible, as soon as possible
	in Hülle und Fülle	in abundance, plenty of
	im Überfluß	in abundance
Unit 2:	auf den ersten Blick	at first sight
	sofort	right away, immediately
	einen Katzensprung	nearby, a stone's throw from here
	nicht weit	not far, nearby
	jemandem gefallen	to please someone
	etwas gut finden	to find something good, to like
	jemandem recht sein	to be all right with someone
	einverstanden sein mit (+ *dative*)	to agree to/with
	wie ein König ohne Land	like a fish out of water
Unit 3:	Geld wie Heu	a lot of money, money galore
	viel Geld	a lot of money
	jemandem egal sein	to make no difference to someone, not to care about something
	jemandem einerlei sein	to make no difference to someone, not to care about something
	höchste Zeit	high time
	dringend nötig	urgently necessary, high time
	Karriere machen	to advance in a career, to climb the ladder
	Erfolg im Beruf haben	to advance in a career, to be successful in one's profession
	Lust haben zu (+ *dative*)	to like to do something, to feel like doing something
	wollen	to want
Unit 4:	jemandem durch Mark und Bein gehen	to set someone's teeth on edge
	ohrenbetäubend sein	to be deafening
	einen guten/schlechten Eindruck machen auf (+ *accusative*)	to make an impression on someone (*used mostly with* good *or* bad)
	gut aussehen	to look good, to appear good
	beim besten Willen (+ *negation*)	not for the life of me, as much as one should like to
	um keinen Preis	in no way, on no account

	um ein Haar	within a hair's breadth, very nearly
	beinahe	almost
	Pech haben	to be in trouble, to have no luck
	kein Glück haben	to have no luck
Unit 5:	eine ganze Weile	for quite a while
	ziemlich lange	quite a while
	an der Reihe sein	to be one's turn
	dran sein	to be one's turn
	es/das tut mir leid	I am sorry about that
	bedauern	to regret
	etwas aus dem Kopf tun können	to be able to do something by heart
	etwas auswendig können	to be able to do something by heart
	im Ernst	seriously, no joke
	Spaß beiseite	no joke, seriously
Unit 6:	mit jemandem los sein	to be the matter with someone
	jemandem passieren	to happen to someone
	etwas/nichts dagegen haben	to have something/nothing against it
	einverstanden sein mit (+ *dative*)	to agree to/with
	auf Schritt und Tritt	at every step, everywhere
	überall	everywhere
	Schluß machen mit (+ *dative*)	to put an end to something, to end, to finish, to stop
	aufhören mit (+ *dative*)	to stop, to end something
	früher oder später	sooner or later
	über kurz oder lang	sooner or later
Unit 7:	außer Rand und Band sein	to be completely out of hand, out of bounds
	unbändig sein	to be out of hand
	jemandem Schwierigkeiten machen	to give someone trouble
	jemandem Ärger machen	to give someone trouble
	ein Auge zudrücken	to look the other way, to close one's eyes to, to let something pass
	etwas durchgehen lassen	to let something pass, to look the other way
	jemandem Unrecht tun	to do someone an injustice
	ungerecht sein gegen (+ *accusative*)	to do someone an injustice
	mit Mühe und Not	at great pains
	nur schwer	with difficulty
Unit 8:	sich etwas in den Kopf setzen	to resolve to do something, to make up one's mind to do something
	sich etwas vornehmen	to resolve to do something, to plan on something
	zum Beispiel	for example
	beispielsweise	for example
	eine Rolle spielen	to play a role, to play a part
	wichtig sein	to be important
	ab und zu	now and then
	hin und wieder	now and then

	Bescheid wissen	to know, to be fully informed
	verstehen	to understand, to grasp
Unit 9:	von Kopf bis Fuß	from head to toe
	von oben bis unten	from top to bottom
	in der letzten Zeit	lately, recently
	seit einiger Zeit	for some time
	Kopf hoch!	Chin up!
	Nur Mut!	Take courage!
	recht haben	to be right, to be correct
	stimmen	to be correct
	sein Geld zum Fenster hinauswerfen	to throw one's money away, to waste, to squander
	sein Geld verschwenden	to waste one's money, to squander
Unit 10:	nicht der Rede wert sein	not to be worth talking about, speaking of
	unerheblich	inconsiderable, trifling, irrelevant
	mit Leichtigkeit	with ease, easily
	leicht	easy, easily
	sich auf den Weg machen	to set out, to start
	losfahren	to set out, to start driving
	für nichts und wieder nichts	totally in vain
	umsonst	in vain
	ganz im Gegenteil	quite to the contrary
	umgekehrt	on the contrary, just the opposite
Unit 11:	in aller Ruhe	quietly, calmly, without rushing
	ungestört	peaceful, undisturbed
	es (alles) geht drunter und drüber	all hell is breaking loose
	die Hölle ist los	all hell is breaking loose
	sich den Kopf zerbrechen über (+ *accusative*)	to rack one's brain over
	überlegen	to consider, to figure out
	vor allen Dingen	above all, especially
	vor allem	above all
	nichts wissen wollen von (+ *dative*)	to refuse to have anything to do with
	nichts zu tun haben wollen mit (+ *dative*)	to refuse to have anything to do with
Unit 12:	im Grunde genommen	basically
	grundsätzlich	basically
	jemanden im Stich lassen	to leave someone in the lurch, to abandon someone, to walk out on someone
	jemanden allein lassen	to leave someone alone
	mit eigenen Augen sehen	to see for oneself
	selbst sehen	to see for oneself
	die Gelegenheit wahrnehmen	to seize an opportunity
	die Gelegenheit benutzen	to seize, to make use of an opportunity
	ehrlich gesagt	frankly
	offen gesagt	frankly

Unit 13:	etwas zustande bringen	to manage, to bring about
	etwas fertigbringen	to manage, to bring about
	leider Gottes	unfortunately
	unglücklicherweise	unfortunately
	im Eimer sein	to be ruined, to be finished
	kaputt sein	to be broken
	jemandem zuliebe	for someone's sake
	meinetwegen (deinet... *etc.*)	for my (your *etc.*) sake
	in der Zwischenzeit	in the meantime
	inzwischen	in the meantime
Unit 14:	keinen Sinn haben	to make no sense, to be of no use
	sinnlos sein	to make no sense, to be of no use
	in der Klemme sitzen	to be in a scrape, fix, jam
	in der Patsche sitzen	to be in a scrape, fix, jam
	aus eigener Erfahrung wissen	to know from one's own (past) experience
	etwas selbst erfahren	to know from one's own experience
	unterwegs sein	to be on one's way, out on the road
	auf dem Weg sein	to be on one's way, on the road
	kein Mensch	nobody
	niemand	nobody
Unit 15:	etwas satt haben	to be fed up with something
	genug haben von (+ *dative*)	to have enough of something, to be fed up with something
	tagaus, tagein	day in and day out
	jeden Tag	every day
	den Verstand verlieren	to lose one's mind, to go crazy
	verrückt werden	to go crazy, to lose one's mind
	im Handumdrehen	in no time
	im Nu	in no time
	meiner Meinung nach	in my opinion
	meiner Ansicht nach	in my opinion, in my view
	mit einem Mal	all of a sudden, suddenly
	plötzlich	suddenly, all of a sudden
	drauf und dran sein	to be at the point, to be about to
	dabei sein (+ zu + *infinitive*)	to be about to, to be at the point
	in aller Seelenruhe	coolheaded, calmly
	gelassen	calmly, coolheaded
	auf frischer Tat	red-handed, in the act
	bei der Untat	in the act, while committing a crime
	die Schultern zucken	to shrug one's shoulders
	die Achseln zucken	to shrug one's shoulders
Unit 17:	keine Ahnung haben von (+ *dative*)	not to have any idea of
	nicht wissen	not to know
	Angst haben vor (+ *dative*)	to be afraid of
	sich fürchten vor (+ *dative*)	to be afraid of

	etwas in Kauf nehmen	to put up with something
	etwas hinnehmen	to put up with something
	von mir aus	as far as I am concerned
	meinetwegen	as far as I am concerned
	seit eh und je	from time immemorial
	seit jeher	from time immemorial
Unit 18:	schließlich und endlich	after all
	immerhin	after all
	nicht in Frage kommen	to be out of the question
	nicht in Betracht kommen	to be out of the question
	jemanden in Frieden lassen	to leave someone alone, in peace
	jemanden in Ruhe lassen	to leave someone alone, in peace
	in Ordnung	all right, in order
	gut	all right, o.k.
	in Zukunft	from now on, in the future
	von nun an	from now on
Unit 19:	Hals über Kopf	head over heels, precipitately
	übereilt	precipitately
	sich klar sein über (+ *accusative*)	to realize
	einsehen	to realize, to understand
	jemandem einen Gefallen tun	to do someone a favor
	so nett sein ...	to be nice enough, to be so nice
	auf jeden/keinen Fall	in any/no case
	jedenfalls	in any case
	keinesfalls	in no case
	imstande sein	to be able to, capable of
	können	to be able to
Unit 20:	keine andere Wahl haben	to have no other choice, to have to do something
	nicht anders können	to have to do something, to have no other choice
	ja und amen sagen zu (+ *dative*)	to give one's consent to
	sich abfinden mit (+ *dative*)	to resign oneself to, to put up with
	mein ganzes Leben lang	all my life
	immer	always
	auf eigenen Füßen stehen	to stand on one's own feet
	selbständig sein	to be independent
	jemandem einen Vorschlag machen	to make a suggestion to someone
	jemandem etwas vorschlagen	to suggest a thing to someone

Vocabulary[†]

ab	from, as of
ab und zu	now and then
der Abend, -e	evening
das Abendessen, -	dinner
abends	in the evening
das Abenteuer, -	adventure
aber	but
sich (*acc.*) abfinden mit (+ *dat.*), fand sich ab, hat sich abgefunden	to resign oneself to, to put up with
abholen, holte ab, hat abgeholt	to pick up, to meet
abnehmen (er nimmt ab), nahm ab, hat abgenommen	to lose weight
der Abschied, -e	farewell
die Abschiedsparty, *pl.* die Abschiedsparties	farewell party
abtrocknen, trocknete ab, hat abgetrocknet	to wipe dry, to dry up
die Achsel, -n	shoulder
die Achseln zucken	to shrug one's shoulders
acht	eight
die Achterbahn, -en	roller coaster
Achtung!	attention!
ahnen, ahnte, hat geahnt	to suspect, to anticipate, to have a hunch
ähnlich	similar
die Ahnung, -en	idea, notion, suspicion, premonition
keine Ahnung haben von (+ *dat.*)	not to have any idea of
akzeptieren, akzeptierte, hat akzeptiert	to accept
der Akzent, -e	accent
Algerien	Algeria
der Alkohol	alcohol
all	all
die Allee, -n	avenue
allein	alone
jemanden allein lassen	to leave someone alone
vor allem	above all
alles	everything
die Alpen (*pl.*)	Alps
der Alptraum, *pl.* die Alpträume	nightmare
also	therefore, thus
alt	old
das Alter	age
für dein Alter	for your age
das Altersheim, -e	resthome, old-age home
das Amen	amen
Amerika	America
der Amerikaner, -	(male) American

†The English part of the vocabulary does not reflect the complete range of translations which are possible for each German word. It limits itself to those which are used in this particular text.

die Amerikanerin, -nen	(female) American
amerikanisch	American (*adj.*)
die Ampel, -n	traffic light
sich (*acc.*) amüsieren, amüsierte sich, hat sich amüsiert	to amuse oneself, to enjoy oneself
die Ananas, -	pineapple
anbieten, bot an, hat angeboten	to offer
ander (*adj.*)	other, different, second
anders (*adv.*) or adj.	otherwise, differently
nicht anders können	to have to do something, to have no other choice
ändern, änderte, hat geändert	to change, to alter
sich (*acc.*) ändern	to change, to vary
jemanden/etwas anfahren (er fährt an), fuhr an, hat angefahren	to run into someone/something, to hit someone/something
der Anfang, *pl.* die Anfänge	beginning, start
anfangen (er fängt an), fing an, hat angefangen	to begin, to start
jemanden anführen, führte an, hat angeführt	to tease someone, to mislead someone, to play a joke on someone
das Angebot, -e	offer
angeln, angelte, hat geangelt	to fish, to angle
die Angelrute, -n	fishing rod
der Angestellte (des, dem, den Angestellten), *pl.* die Angestellten	(male) employee
die Angestellte (der, der Angestellten, die Angestellte), *pl.* die Angestellten	(female) employee
die Angst, *pl.* die Ängste	fear, fright
Angst haben vor (+ *dat.*)	to be afraid of
anhalten (er hält an), hielt an, hat angehalten	to stop, to bring to a halt
anrufen, rief an, hat angerufen	to call (by telephone)
anscheinend	apparently
ansehen (er sieht an), sah an, hat angesehen	to look at
die Ansicht, -en	opinion, view
meiner Ansicht nach	in my opinion, in my view
die Anstalt, -en	institution
anzünden, zündete an, hat angezündet	to light, to set fire to
der Apfel, ¨	apple
der Apfelstrudel, -	apple strudel (rolled dough with apple filling)
die Apotheke, -n	pharmacy
der Appetit	appetite
die Arbeit, -en	work, job, employment
arbeiten, arbeitete, hat gearbeitet	to work
die Arbeitszeit, -en	working hours
der Ärger	annoyance, anger, trouble
jemandem Ärger machen	to give someone trouble
das Argument, -e	argument
arm	poor
die Art, -en	kind, nature; species
der Arzt, ¨e	(male) doctor, M.D.
die Ärztin, -nen	(female) doctor, M.D.
auch	also, too, even
die Aufführung, -en	performance
die Aufheiterung, -en	clearing-up, weather improvement
aufhören mit (+ *dat.*), hörte auf, hat aufgehört	to stop, to end something

aufräumen, räumte auf, hat aufgeräumt	to clean up, to straighten out
die Aufregung, -en	excitement
aufsetzen, setzte auf, hat aufgesetzt	to put on, to put on top
aufstehen, stand auf, ist aufgestanden	to get up, to get out of bed
das Auge, -n	eye
mit eigenen Augen sehen	to see for oneself
ein Auge zudrücken	to look the other way, to close one's eyes to, to let something pass
der Augenblick, -e	moment
im Augenblick	at present, at the moment
augenblicklich	at the moment, momentarily
ausgeben (er gibt aus), gab aus, hat ausgegeben	to spend, to expend
ausgehen, ging aus, ist ausgegangen	to go out
sich (*acc.*) auskennen, kannte sich aus, hat sich ausgekannt	to know one's way around, to know all about something
das Ausland	foreign country/countries
der Ausländer, -	(male) foreigner
die Ausländerin, -nen	(female) foreigner
ausnutzen, nutzte aus, hat ausgenutzt	to make use of
der Auspuff, -e	exhaust, muffler
ausräumen, räumte aus, hat ausgeräumt	to clean out, to empty out
jemandem etwas ausreden, redete aus, hat ausgeredet	to talk someone out of something
aussehen (er sieht aus), sah aus, hat ausgesehen	to appear, to look (good, well, *etc.*)
außen	(on the) outside
von außen	from the outside
außerdem	besides, furthermore
aussteigen, stieg aus, ist ausgestiegen	to climb out, to get out
ausüben, übte aus, hat ausgeübt	to practice, to carry out
etwas auswendig können	to be able to do something by heart
ausziehen, zog aus, ist ausgezogen	to move out
das Auto, -s	car
die Autobahn, -en	divided highway, throughway
die Autobremse, -n	brake
der Autodieb, -e	car thief
der Autofahrer, -	(male) driver
die Autofahrerin, -nen	(female) driver
die Autonummer, -n	license-plate number
die Backe, -n	cheek
backen, backte, hat gebacken	to bake
die Bahn, -en	train, railroad
der Bahnhof, *pl.* die Bahnhöfe	train station, railway station
der Bahnübergang, *pl.* die Bahnübergänge	railroad crossing
bald	soon
so bald wie möglich	as soon as possible
der Balkon, -e	balcony
die Banane, -n	banana
das Band, ¨-er	bond, band, string
die Bank, -en	bank
der Bankraub, -e	bank robbery
der Banküberfall, *pl.* die Banküberfälle	bank robbery
die Bar, -s	bar

das Bargeld	cash
bauen, baute, hat gebaut	to build, to construct
das Baujahr, -e	year of construction, model year (for cars)
der Baum, *pl.* die Bäume	tree
der Bayer (des, dem, den Bayern), *pl.* die Bayern	(male) Bavarian
die Bayerin, -nen	(female) Bavarian
Bayern	Bavaria
bayrisch/bayerisch	Bavarian (*adj.*)
beantworten, beantwortete, hat beantwortet	to answer
sich (*acc.*) bedanken für (+ *acc.*), bedankte sich, hat sich bedankt	to thank for
jemanden/etwas bedauern, bedauerte, hat bedauert	to pity someone, to regret something
bedeckt	overcast
die Bedienung	service, tip
sich (*acc.*) beeilen, beeilte sich, hat sich beeilt	to rush, to hurry
beenden, beendete, hat beendet	to end, to finish
die Beere, -n	berry
begeistert	enthusiastic(ally), excited
die Begeisterung	enthusiasm
die Begrenzung, -en	limit, limitation
der Begriff, -e	conception, idea, notion
im Begriff sein (+ zu + *inf.*)	to be about to, to be thinking of
behalten (er behält), behielt, hat behalten	to keep
behaupten, behauptete, hat behauptet	to claim, to maintain
beides (*sing.*)	both
die beiden (*pl.*)	the two
das Bein, -e	bone; leg
beinahe	almost
das Beispiel, -e	example
zum Beispiel	for example
beispielsweise	for example
beißen, biß, hat gebissen	to bite
bekommen, bekam, hat bekommen	to get, to receive
beladen (er belädt), belud, hat beladen	to load
Belgien	Belgium
beliebt sein	to be popular
bellen, bellte, hat gebellt	to bark
bemerken, bemerkte, hat bemerkt	to notice, to remark
sich (*acc.*) benehmen (er benimmt sich), benahm sich, hat sich benommen	to behave oneself
benutzen, benutzte, hat benutzt	to make use of
das Benzin	gasoline
der Berg, -e	mountain
bergsteigen, ist berggestiegen	to climb mountains, to go mountain climbing
der Bericht, -e	report
Bern	Berne
der Beruf, -e	profession, occupation, job
beruhigen, beruhigte, hat beruhigt	to calm someone down, to reassure someone
berühmt	famous
der Bescheid, -e	answer, information
Bescheid wissen	to know, to be fully informed
die Bescherung, -en	distribution of presents
sich (*acc.*) beschweren über (+ *acc.*), beschwerte sich, hat sich beschwert	to complain about

besichtigen, besichtigte, hat besichtigt	to visit (as a tourist), to view
besonders	especially, particularly
bestellen, bestellte, hat bestellt	to order
jemanden zum besten halten	to tease someone, to play a joke on someone
bestimmt	for sure, certainly
besuchen, besuchte, hat besucht	to visit
der Besucher, -	(male) visitor
die Besucherin, -nen	(female) visitor
der Betracht	consideration
nicht in Betracht kommen	to be out of the question
sich (*acc.*) betrinken, betrank sich, hat sich betrunken	to get drunk
betrunken	drunken, intoxicated
das Bett, -en	bed
der Bewohner, -	(male) inhabitant
die Bewohnerin, -nen	(female) inhabitant
bewölkt	cloudy
die Bewölkung	cloudiness
bezahlen, bezahlte, hat bezahlt	to pay
die Bezahlung	pay, salary
das Bier, *pl.* die Biere	beer; bottles *or* glasses of beer
billig	cheap
bis dahin *or* bis dann	until then
ein bißchen	a little bit, a trifle
bitte!	please!
bitter	bitter
die Blaskapelle, -n	brass band
blaß	pale
blau	blue
die Blechtrommel, -n	tin drum
bleiben, blieb, ist geblieben	to remain, to stay
es bleibt mir nichts anderes übrig	I have no other choice
der Blick, -e	sight, look, view
auf den ersten Blick	at first sight
bloß	merely, just, I wonder, ... on earth
BMW (Bayrische Motoren-Werke)	BMW (Bavarian Motor Works)
die Bohne, -n	bean
der Bohnenkaffee	coffee
böse	angry
braten (er brät), briet, hat gebraten	to roast, to fry
das Brathähnchen, -	broiler chicken
die Bratkartoffeln (*pl.*)	(home) fried potatoes
der Brauch, *pl.* die Bräuche	custom, habit, practice
brauchen, brauchte, hat gebraucht	to need, to require
brauen, braute, hat gebraut	to brew
brechen (er bricht), brach, hat gebrochen	to break
der Brief, -e	letter
bringen, brachte, hat gebracht	to bring
das Brot, *pl.* die Brote	bread, loaf of bread; loaves of bread
das belegte Brot, *pl.* die belegten Brote	sandwich
der Brunnen, -	fountain, well
Brüssel	Brussels
brutal	brutal, cruel
das Buch, ¨-er	book
der Bürger, -	(male) citizen
die Bürgerin, -nen	(female) citizen
der Bus, -se	bus

der Champignon, -s	champignon, white mushroom
die Chance, -n	opportunity, occasion
die Chance ergreifen	to seize the opportunity, to use the occasion
die Chemie	chemistry
da drüben	over there
dabei sein (+ zu + *inf.*)	to be about to, to be at the point
der Dackel, - (*short for* der Dachshund, -e)	dachshund
die Dackelhündin, -nen (*or* die Dachshündin, -nen)	(female) dachshund
dagegen	in comparison to that, against that
etwas/nichts dagegen haben	to have something/nothing against it
bis dahin	until then
die Dame, -n	lady
danach	afterwards, after that
Dänemark	Denmark
der Dank	gratitude, thanks
vielen Dank!	many thanks!
dann	then
bis dann	until then
Danzig	Gdansk
darüber	beyond that, about it
dauern, dauerte, hat gedauert	to last, to take time
davonkommen, kam davon, ist davongekommen	to get away, to get off the hook
die Delikatesse, -n	delicacy
die Demonstration, -en	demonstration
demonstrieren, demonstrierte, hat demonstriert	to demonstrate
denken, dachte, hat gedacht	to think
deprimierend	depressing
deprimiert	depressed
deshalb	therefore
Deutschland	Germany
das Deutsch(e)	German language
deutsch	German (*adj.*)
der Deutsche (des, dem, den Deutschen), *pl.* die Deutschen	(male) German
die Deutsche (der, der Deutschen, die Deutsche), *pl.* die Deutschen	(female) German
dicht	dense, thick, crowded
dies	this
diesmal	this time
das Ding, -e	thing, matter
vor allen Dingen	above all
der Dirigent (des, dem, den Dirigenten), *pl.* die Dirigenten	(male) conductor
die Dirigentin, -nen	(female) conductor
dirigieren, dirigierte, hat dirigiert	to conduct (*an orchestra*)
DM (*abbr. of* Deutsche Mark)	deutsch mark
das Dorf, *pl.* die Dörfer	village
die Dose, -n	can
das Drama, *pl.* die Dramen	drama
dran/daran	close by, near
dran sein	to be one's turn

drauf/darauf	on top
drauf und dran sein	to be at the point of, to be about to
drei	three
dreiviertel	three-quarters
dringend	urgent
drinnen	inside
drüber/darüber	over, on top, about it
drunter/darunter	underneath
es (alles) geht drunter und drüber	all hell is breaking loose
alles ist drunter und drüber	all is topsy-turvy, all is upside down
dumm	stupid
der Dummkopf, pl. die Dummköpfe	dumbbell, idiot
dünn	thin
etwas durchgehen lassen (er läßt etwas durchgehen), ließ..., hat etwas durchgehen lassen	to let something pass, to look the other way
durchschlafen (er schläft durch), schlief durch, hat durchgeschlafen	to sleep through
dürfen (er darf), durfte, hat gedurft (*as modal* hat dürfen)	to be allowed to, to have permission to
eben	even, level
die Ecke, -n	corner
egal	equal, all the same
jemandem egal sein	to make no difference to someone, not to care about something
seit eh und je	from time immemorial
die Ehe, -n	marriage
der Ehefriede(n)	marital peace
der Ehekrach, pl. die Ehekräche	marital quarrel, scene
ehrlich	honest
ehrlich gesagt	frankly
die Eifersucht	jealousy
eifersüchtig	jealous
eifersüchtig sein auf (+ *acc.*)	to be jealous of
eigen	own
eigentlich	exactly, as a matter of fact, actually
der Eimer, -	bucket
im Eimer sein	to be ruined, to be finished
die Einbahnstraße, -n	one-way street
einbiegen (nach links/nach rechts), bog ein, ist eingebogen	to turn to the left/to the right
einbrechen (er bricht ein), brach ein, hat eingebrochen	to break in
der Einbrecher, -	robber
der Eindruck, pl. die Eindrücke	impression
einen guten/schlechten Eindruck machen auf (+ *acc.*)	to make an impression on someone (*used mostly with* good *or* bad)
einerlei	indifferent, the same
jemandem einerlei sein	to make no difference to someone, not to care about something
einfach	simple, simply
die Einfahrt, -en	entry, driveway
einführen, führte ein, hat eingeführt	to introduce, to import
eingeschlossen	included

einkaufen, kaufte ein, hat eingekauft	to shop, to go shopping
die Einkaufsliste, -n	shopping list
einladen (er lädt ein), lud ein, hat eingeladen	to invite
die Einladung, -en	invitation
sich (*acc.*) einleben in (+ *dat.*)	to get accustomed to, to acclimatize oneself to, to become familiar with
einmal	once
noch einmal	once more
eins	one (*number*)
einsam	lonely
einschließen, schloß ein, hat eingeschlossen	to include
einsehen (er sieht ein), sah ein, hat eingesehen	to realize, to understand
die Eintrittskarte, -n	(admission) ticket
einverstanden sein mit (+ *dat.*)	to agree to/with
einziehen, zog ein, ist eingezogen	to move in
das Eis	ice, ice cream
der Eisbecher, -	sundae
der Elefant, -en	elephant
elegant	elegant
elf	eleven
die Eltern (*always pl.*)	parents
jemandem etwas empfehlen (er empfiehlt), empfahl, hat empfohlen	to recommend something to someone
das Ende, -n	end
enden, endete, hat geendet	to end
endlich	finally
der Engel, -	angel
der Engländer, -	Englishman
die Engländerin, -nen	Englishwoman
das Enkelkind, -er	grandchild
enorm	enormous
entdecken, entdeckte, hat entdeckt	to discover
entfernt	remote, distant
die Entscheidung, -en	decision
sich (*acc.*) entschließen, entschloß sich, hat sich entschlossen	to decide, to make up one's mind
die Erbse, -n	pea
die Erdbeere, -n	strawberry
das Ereignis, -se	event, happening
erfahren (er erfährt), erfuhr, hat erfahren	to learn, to find out, to hear
die Erfahrung, -en	experience
aus eigener Erfahrung wissen	to know from one's own (*past*) experience
der Erfolg, -e	success
ergreifen, ergriff, hat ergriffen	to grab, to grasp, to seize
erhalten (er erhält), erhielt, hat erhalten	to receive, to preserve, to maintain
sich (*acc.*) jung erhalten	to keep young
erhöhen, erhöhte, hat erhöht	to raise, to increase
sich (*acc.*) erholen, erholte sich, hat sich erholt	to recuperate, to recover
die Erkältung, -en	cold
erkennen, erkannte, hat erkannt	to recognize
erleben, erlebte, hat erlebt	to experience
der Ernst	seriousness
ernst	serious
im Ernst	seriously, no joke
die Ernte, -n	harvest

erschießen, erschoß, hat erschossen	to shoot to death
erschöpft	exhausted
erst	first, not before, only
ertappen, ertappte, hat ertappt	to catch, to surprise
erwachsen	adult, grown-up
erwarten, erwartete, hat erwartet	to expect
erzählen, erzählte, hat erzählt	to tell
das Essen	food, meal
essen (er ißt), aß, hat gegessen	to eat
etwas	something
so etwas/sowas	something like that, such a thing
ewig	eternal, everlasting, unending
das Examen, -	examination
extra	special, especially
der Faden, ⸚	thread
das Fädchen, -	short, thin piece of thread
fahren (er fährt), fuhr, ist gefahren	to drive
der Fahrer, -	(male) driver
die Fahrerin, -nen	(female) driver
die Fahrt, -en	drive, speed
freie Fahrt	all clear
das Fahrzeug, -e	vehicle
der Fall, ⸚e	case
auf jeden/keinen Fall	in any/no case
fallen (er fällt), fiel, ist gefallen	to fall
falsch	wrong
die Familie, -n	family
fantastisch/phantastisch	fantastic
der Fasching	carnival
der Faschingsball, *pl.* die Faschingsbälle	carnival ball
faul	lazy
der Februar, -e	February
fehlen, fehlte, hat gefehlt	to miss, to be lacking
der Fehler, -	mistake
feiern, feierte, hat gefeiert	to celebrate
feierlich	festive, solemn
das Fell, -e	fur
das Fenster, -	window
die Ferien (*always pl.*)	vacation
der Ferienjob, -s	summer job
der Fernsehapparat, -e	television set
die Fernsehbearbeitung, -en	adaptation for television
fertig	finished, ready
etwas fertigbringen, brachte fertig, hat fertiggebracht	to manage, to bring about
das Fest, -e	festival, party
festnehmen (er nimmt fest), nahm fest, hat festgenommen	to arrest
feucht	humid
die Figur, -en	figure
der Film, -e	film, movie
das Filmprogramm, -e	movie schedule
finden, fand, hat gefunden	to find
etwas gut finden	to find something good, to consider something good

der Fisch, -e	fish
die Fische	Pisces
die Flasche, -n	bottle
das Fleisch	meat
die Fleischbrühe, -n	consommé
die Flinte, -n	shotgun
der Flug, ̈e	flight
der Flughafen, *pl.* die Flughäfen	airport
jemandem folgen, folgte, ist gefolgt	to follow someone
die Forschung, -en	research
die Frage, -n	question
nicht in Frage kommen	to be out of the question
fragen, fragte, hat gefragt	to ask
Frankreich	France
der Franzose (des, dem, den Franzosen), *pl.* die Franzosen	Frenchman
die Französin, -nen	Frenchwoman
die Frau, -en	woman
frei	free
der Freitag, -e	Friday
freitags	every Friday
die Freizeit, -en	free time
die Freude, -n	pleasure, joy, fun
jemandem Freude machen	to amuse someone, to give someone pleasure
sich (*acc.*) freuen über (+ *acc.*), freute sich, hat sich gefreut	to be happy about, to be glad about
der Freund, -e	(male) friend
die Freundin, -nen	(female) friend
freundlich	fair, friendly
die Freundschaft, -en	friendship
der Friede(n) (des, dem, den Frieden)	peace
jemanden in Frieden lassen	to leave someone alone, in peace
die Frikadelle, -n	hamburger
frisch	fresh
der Friseur, -e	(male) barber *or* hairdresser
die Friseuse, -n	(female) barber *or* hairdresser
froh	glad
die Frucht, ̈e	fruit
früh	early
früher oder später	sooner or later
der Führerschein, -e	driver's license
die Fülle	abundance, profusion
fünf	five
fürchten, fürchtete, hat gefürchtet	to fear, to be afraid
sich (*acc.*) fürchten vor (+ *dat.*)	to be afraid of
fürchterlich	terrible, horrible
der Fuß, ̈e	foot
auf eigenen Füßen stehen	to stand on one's own feet
der Fußball, *pl.* die Fußbälle	football
das Fußballspiel, -e	soccer game
der Fußgänger, -	pedestrian
die Fußgängerstraße, -n	mall
die Fußgängerzone, -n	pedestrian zone, area
der Gang, ̈e	gear
die Gans, ̈e	goose

ganz und gar nicht	not at all, absolutely not
gar nicht	not at all
die Garage, -n	garage
die Gartenarbeit, -en	gardening
das Gas, -e	gas (*not* gasoline)
auf's Gas treten	to step on the gas pedal, to speed up
die Gasse, -n	alley way
der Gast, ⁓e	guest
der Gaul, ⁓e	horse
das Gebäude, -	building
geben (er gibt), gab, hat gegeben	to give
es gibt	there is/there are
gebrauchen, gebrauchte, hat gebraucht	to use, to apply
der Gedanke, -n	thought, idea
sich (*dat.*) Gedanken machen über (+ *acc.*)	to worry about
die Geduld	patience
die Gefahr, -en	danger
gefährden, gefährdete, hat gefährdet	to threaten, to endanger
gefährlich	dangerous
der Gefallen	favor
jemandem einen Gefallen tun	to do someone a favor
jemandem gefallen (er gefällt), gefiel, hat gefallen	to please someone
die Gefälligkeit, -en	favor
gefrieren, gefror, ist gefroren	to freeze, to freeze over
das Gefühl, -e	feeling
das Gegenteil, -e	contrary, opposite
ganz im Gegenteil	quite to the contrary
gegenüber von (+ *dat.*)	across from
von gegenüber	from across (the street *for example*)
gehen, ging, ist gegangen	to go
alles geht drunter und drüber	all hell is breaking loose
wie geht's?	how are things? how are you doing?
gehorchen, gehorchte, hat gehorcht	to obey
gehören, gehörte, hat gehört	to belong
gelassen	calmly, coolheaded
das Geld	money
Geld wie Heu	a lot of money, money galore
sein Geld zum Fenster hinauswerfen	to throw one's money away, to squander
die Geldsachen (*pl.*)	money matter
die Geldsorgen (*pl.*)	financial worries
die Gelegenheit, -en	opportunity, occasion
die Gelegenheit wahrnehmen, ausnutzen, benutzen	to seize an opportunity
gemein	mean, unfriendly
die Gemeinschaft, -en	community, partnership
das Gemüse, -	vegetable
genauso	similarly, the same
genug	sufficient(ly), enough
genug haben von (+ *dat.*)	to have enough of something, to be fed up with something
geöffnet	open
das Gepäck	luggage
gerade	just
geradeaus	straight ahead

geradeaus fahren	to drive straight ahead
das Gerede	(idle) talk, gossip
gern(e)	gladly, like to
jemanden gern haben	to like someone
das Geschäft, -e	store, shop, business
die Geschäftszeit, -en	business hours
das Geschenk -e	present, gift
die Geschichte, -n	story
das Geschirr	dishes
die Geschirrspülmaschine, -n	dishwashing machine
geschlossen	closed
der Geschmack	flavor, taste
geschmacklos	tasteless, in bad taste
die Geschwindigkeit, -en	speed
die Geschwindigkeitsbegrenzung, -en	speed limit
die Gesellschaft, -en	company, society, party
das Gesetz, -e	law
das Gesicht, -er	face
gespannt sein	to be anxious to know
gestern	yesterday
gesund	healthy
die Gesundheit	health, good health
gewaltig	great, gigantic
gewähren, gewährte, hat gewährt	to grant, to give
die Gewerkschaft, -en	labor union
das Gewicht, -e	weight
gewinnen, gewann, hat gewonnen	to win, to gain
das Gewitter, -	thunderstorm
sich (*acc.*) gewöhnen an (+ *acc.*), gewöhnte sich, hat sich gewöhnt	to get used to
das Glas, *pl.* die Gläser	glass
glatt	smooth
glauben, glaubte, hat geglaubt	to believe
gleich	immediately, at once
die Gleichberechtigung	equal rights
das Glück	luck, happiness
jemandem Glück wünschen	to wish someone the best, luck, happiness, success
glücklich	happy
der Glückwunsch, *pl.* die Glückwünsche	congratulations
der Gott, ¨er	god
mein Gott!	my God! dear me!
leider Gottes	unfortunately
gottseidank	thank God
der Grad, -e	degree
das Gramm, -	gram
grau	grey
die Grenze, -n	border
der Grill, -s	grill
grillen, grillte, hat gegrillt	to grill
groß	big
großartig	great, magnificent
die Großstadt, *pl.* die Großstädte	big city, large town
grün	green

der Grund, ⸚e	reason, ground, argument
im Grunde genommen	basically
grundsätzlich	basically
der Gruß, ⸚e	greeting
jemanden grüßen, grüßte, hat gegrüßt	to greet someone
grüß dich!	hello! hi!
grüß Gott!	hello!
günstig	favorable
die Gurke, -n	cucumber
gut	good, well, all right, o.k.
gut gehen	to work out, to go well
die Güte	goodness, generosity
du liebe Güte!	oh dear! dear me!
Haag	The Hague
das Haar, -e	hair
um ein Haar	almost, within a hair's breadth, very nearly
haben (er hat), hatte, hat gehabt	to have
der Hafen, ⸚	harbor, port
das Hähnchen, -	chicken
halb	half
halbtags	part-time
die Halbtagsarbeit, -en	part-time job
der Hals, ⸚e	neck
Hals über Kopf	head over heels, precipitately
halt!	stop!
halten (er hält), hielt, hat gehalten	to hold, to stop
sich (*acc.*) links/rechts halten	to keep left/right, to bear left/right
der Hamburger Sportverein (*abbr.* HSV)	name of a Hamburg soccer team
die Hand, ⸚e	hand
Hände hoch!	hands up!
handeln, handelte, hat gehandelt	to bargain; to act
die Handlung, -en	action, plot
die Handtasche, -n	pocketbook, handbag
im Handumdrehen	in no time
das Hauptgericht, -e	main course, entrée
die Hauptsache, -n	main issue, essential thing
die Hauptstraße, -n	main street
das Haus, ⸚er	house
der Hausbesitzer, -	home owner
nach Hause	(towards) home
zu Hause	at home
die Hausfrau, -en	housewife
das Hausmädchen, -	maid
der Hauswirt, -e	landlord
heiraten, heiratete, hat geheiratet	to marry, to get married
sich (*acc.*) heiraten	to marry each other, to get married to one another
heißen, hieß, hat geheißen	to be called
heiter	fair, sunny
helfen (er hilft), half, hat geholfen	to help
das Hemd, -en	shirt
der Herbst, -e	fall, autumn

hereinkommen, kam herein, ist hereingekommen	to come in
der Hering, -e	herring
herkommen, kam her, ist hergekommen	to come here, to get here
der Herr (des, dem, den Herrn), *pl.* die Herren	gentleman, Mr.
herrlich	marvellous, great, splendid
herumlaufen (er läuft herum), lief herum, ist herumgelaufen	to run around
das Herz (des Herzens, dem Herzen, das Herz), *pl.* die Herzen	heart
es übers Herz bringen	to bring oneself to
der Herzanfall, *pl.* die Herzanfälle	heart attack
Hessen	Hesse
das Heu	hay
heute	today
hier	here
die Hilfe, -n	help
hilflos	helpless
die Himbeere, -n	raspberry
der Himmel, -	sky, heaven
um Himmels willen!	for Heaven's sake! dear me!
hin und wieder	now and then
hinauswerfen (er wirft hinaus), warf hinaus, hat hinausgeworfen	to throw out
sein Geld zum Fenster hinauswerfen	to squander one's money, to throw one's money away
hineinfahren in (+ *acc.*), (er fährt hinein), fuhr hinein, ist hineingefahren	to drive into, to collide with
hingehen, ging hin, ist hingegangen	to go there
etwas hinnehmen (er nimmt hin), nahm hin, hat hingenommen	to put up with something, to accept something
hinterher	afterwards
hoch	high
der Hochdruck	high pressure
die Höchstgeschwindigkeit, -en	maximum speed
die Höchsttemperatur, -en	maximum temperature
die Hochzeit, -en	wedding
das Hochzeitsgeschenk, -e	wedding present
hoffen, hoffte, hat gehofft	to hope
hoffentlich	hopefully, I hope
der Höhepunkt, -e	culmination, climax, high point
holländisch	Dutch (*adj.*)
die Hölle, -n	hell
die Hölle ist los	all hell is breaking loose
hören, hörte, hat gehört	to hear
das Hotel, -s	hotel
hübsch	pretty
die Hülle, -n	wrap, cover
in Hülle und Fülle	in abundance, plenty of
der Humor	humor, sense of humor
der Hund, -e	dog
das Hundefutter	dog food
die Hündin, -nen	bitch
der Hunger	hunger
hungrig	hungry

die Idee, -n	idea
die Illusion, -en	illusion
immer	always
immerhin	after all
immerzu	all the time
imstande sein	to be able to, to be capable of
die Innenstadt, *pl.* die Innenstädte	downtown, center of the city
insgesamt	generally
interessant	interesting
sich (*acc.*) interessieren für (+ *acc.*), interessierte sich, hat sich interessiert	to be interested in
international	international
inzwischen	in the meantime
wenn irgend möglich	if at all possible
sich (*acc.*) irren, irrte sich, hat sich geirrt	to err
Italien	Italy
italienisch	Italian (*adj.*)

ja	yes
ja und amen sagen zu (+ *dat.*)	to give one's consent to
der Jagdhund, -e	hunting dog
jagen, jagte, hat gejagt	to hunt
das Jahr, -e	year
nächstes Jahr (*acc.*)	next year
der Januar, -e	January
jedenfalls	in any case
jeder, jede, jedes	every
seit jeher	from time immemorial
jemand	somebody, someone
jetzt	now
jubeln, jubelte, hat gejubelt	to cheer
der Jugendfilm, -e	film for children
Jugoslawien	Yugoslavia
jung	young (*adj.*)
das Junge (des, dem Jungen, das Junge), *pl.* die Jungen	young (*for animals*)
die Jungfrau	Virgo

der Käfer, -	beetle
der Kaffee, -s	coffee
die Kalbshaxe, -n	leg of veal, veal knuckle
die Kälte	cold, coldness
das Kännchen, -	small pot (2 cups)
der Kannibale, -n	cannibal
die Kapelle, -n	band, orchestra
kaputt	broken
die Karriere, -n	career
Karriere machen	to advance in a career, to climb the ladder
das Karussell, -s	merry-go-round
der Kasten, ⸚	case, crate, box
die Katze, -n	(female) cat
ein Katzensprung	nearby, a stone's throw from here
der Kauf, ⸚e	bargain, buy
etwas in Kauf nehmen	to put up with something

die Kaufingerstraße	name of main shopping street in Munich
kaum	hardly
der Kegelabend, -e	bowling night
kegeln, kegelte, hat gekegelt	to bowl
keinesfalls	in no case
der Kellner, -	waiter
die Kellnerin, -nen	waitress
kennen, kannte, hat gekannt	to know, to be acquainted with
kennenlernen, lernte kennen, hat kennengelernt	to become acquainted with, to come to know, to meet
der Kerl, -e	guy, fellow
kerngesund	completely healthy
die Kerze, -n	candle
das Kilogramm, -	kilogram
der/das Kilometer, -	kilometer (0.6 British miles)
das Kind, -er	child
das Kino, -s	movie theater
die Kirche, -n	church
klar	clear, plain, evident, obvious
sich (*dat.*) klar sein über (+ *acc.*)	to realize
Klasse!	great! first-rate!
klein	small, young
die Kleinigkeit, -en	trifle, little thing, small matter
die Klemme, -n	tight corner, pinch, clamp
in der Klemme sitzen	to be in a scrape, fix, jam
klingeln, klingelte, hat geklingelt	to ring a bell
klingen, klang, hat geklungen	to sound
das Kloster, ¨	monastery
der Klostergarten, *pl.* die Klostergärten	courtyard of a monastery, garden of a monastery
der Knödel, -	dumpling
der Koch, ¨e	(male) cook
das Kochbuch, *pl.* die Kochbücher	cookbook
kochen, kochte, hat gekocht	to boil, to cook
die Köchin, -nen	(female) cook
die Kochkunst, *pl.* die Kochkünste	cooking talent
der Koffer, -	suitcase
der Kollege (des, dem, den Kollegen), *pl.* die Kollegen	(male) colleague
die Kollegin, -nen	(female) colleague
der Komiker, -	comedian
komisch	funny, strange
kommen, kam, ist gekommen	to come
die Komödie, -n	comedy
der Kompromiß, *pl.* die Kompromisse	compromise
der König, -e	king
wie ein König ohne Land	like a fish out of water
können (er kann), konnte, hat gekonnt (*as modal* hat können)	to be able to, can
kontrollieren, kontrollierte, hat kontrolliert	to check, to control
sich (*acc.*) konzentrieren, konzentrierte sich, hat sich konzentriert	to concentrate
der Kopf, ¨e	head
Kopf hoch!	chin up!
etwas aus dem Kopf tun können	to be able to do something by heart

sich (*dat.*) etwas in den Kopf setzen	to resolve to do something, to make up one's mind to do something
sich (*dat.*) den Kopf zerbrechen über (+ *acc.*)	to rack one's brain over
von Kopf bis Fuß	from head to toe
der Kopfsalat, -e	(head of) lettuce
das Korn	grain, cereal
kosten, kostete, hat gekostet	to cost
das Kostüm, -e	costume
sich (*acc.*) kostümieren, kostümierte sich, hat sich kostümiert	to dress oneself up
krank	sick
das Krankenhaus, *pl.* die Krankenhäuser	hospital
die Krankenschwester, -n	nurse
der Krebs	Cancer
der Kredit, -e	loan, credit
der Krimi, -s = der Kriminalfilm, -e, *or* der Kriminalroman, -e	detective movie, *or* detective novel
die Küche, -n	kitchen
die Kugel, -n	scoop, ball
kugelrund	round as a ball
kühl	cool
der Kunde (des, dem, den Kunden), *pl.* die Kunden	(male) customer
die Kundin, -nen	(female) customer
kündigen, kündigte, hat gekündigt	to give notice, to quit
jemandem kündigen	to fire someone, to terminate someone's lease, contract
die Kunst, ⸚e	art
das Kunstwerk, -e	work of art
kurz	short
über kurz oder lang	sooner or later
lachen, lachte, hat gelacht	to laugh
lächeln, lächelte, hat gelächelt	to smile
der Ladenbesitzer, -	store owner, shop owner
der Ladenschluß	closing time
die Lage, -n	situation, position
in der Lage sein + zu (+ *inf.*)	to be in a position to, to be able to, to be capable of
lahm	lame
der Laie, -n	lay person
die Lampe, -n	lamp
das Land, ⸚er	country, state
lang	long
lange	a long time
die Länge, -n	length
langsam	slow
die Langweile/Langeweile	boredom
sich (*acc.*) langweilen, langweilte sich, hat sich gelangweilt	to be bored
langweilig	boring
der Lärm	noise
der Laserstrahl, -en	laser beam
lassen (er läßt), ließ, hat gelassen	to leave, to part with

lassen (er läßt), ließ, hat lassen	to let, to permit, to allow, to cause
jemanden in Frieden lassen	to leave someone in peace
jemanden in Ruhe lassen	to leave someone in peace, to give someone a break, to leave someone alone
die Laune, -n	mood
laut	noisy, loud
lauter (*no ending*)	nothing but, only, merely
leben, lebte, hat gelebt	to live
das Leben, -	life
mein ganzes Leben lang	all my life
während meines ganzen Lebens	all my life, during all my life
die Lebensfreude	cheerfulness, joie de vivre
die Lebensmittel (*pl.*)	groceries
das Lebensmittelgeschäft, -e	grocery store
der Leberkäse, -	liver loaf
die Lederhose, -n	leather pants
leer	empty
leicht	easy, easily, light
die Leichtigkeit	ease, easiness, facility
mit Leichtigkeit	with ease, easily
das Leid	sorrow
jemandem leid tun	to feel sorry for someone
es/das tut mir leid	I am sorry about that
leider	unfortunately
leider Gottes	unfortunately
leise	quiet, soft
der Leiter, -	guide, director
lernen, lernte, hat gelernt	to learn
lesen (er liest), las, hat gelesen	to read
letzt	last, past
die Leute (*always pl.*)	people, persons
die Liebe	love
lieber	rather, better
der Liebeskummer	lover's heartbreak
das Lieblingsessen, -	favorite dish, meal
liegen, lag, hat gelegen	to lie, to be located
link	left
links	on the left
der/das Liter	liter (1.069 quarts)
lockig	curly
der Löffel, -	spoon
der Lohn, ⸚e	pay, salary, income
sich (*acc.*) lohnen, lohnte sich, hat sich gelohnt	to be worthwhile
die Loipe, -n	cross-country ski trail
los sein mit jemandem	to be the matter with someone
losfahren (er fährt los), fuhr los, ist losgefahren	to set out, to start driving
das Lot	small weight (1/30 pound)
der Löwe	Leo
die Luftströmung, -en	air current
die Lüge, -n	lie
die Lust, ⸚e	pleasure, enjoyment
Lust haben zu (+ *dat.*)	to like to do something, to feel like doing something
lustig	amusing, fun

machen, machte, hat gemacht	to do, to make
sich (*acc.*) auf den Weg machen	to set out, to start
das Mädchen, -	girl
mager	skinny, slim
das erste/zweite *etc.* Mal	for the first/second *etc.* time
das nächste Mal	the next time
mit einem Mal	all of a sudden, suddenly
malen, malte, hat gemalt	to paint, to draw
man	one, you, they
der Mann, ¨-er	man
das Mark	marrow
jemandem durch Mark und Bein gehen	to set someone's teeth on edge
der Marxist (des, dem, den Marxisten), *pl.* die Marxisten	Marxist
marxistisch	Marxist (*adj.*)
die Maß, - (*Bavarian dialect*)	a large glass of beer (*approx.* one quart)
mäßig	moderate
das Maul, ¨-er	snout, mouth (*of animals*)
die Medizin	medicine
der Medizinstudent (des, dem, den Medizinstudenten), *pl.* die Medizinstudenten	(male) medical student
die Medizinstudentin, -nen	(female) medical student
nicht mehr/kein ... mehr	no more
meinen, meinte, hat gemeint	to think, to believe
meinetwegen	for my sake, as far as I am concerned
die Meinung, -en	opinion
meiner Meinung nach	in my opinion
meistens/meist	most of the time
das Meisterwerk, -e	masterpiece
die Melodie, -n	melody
die Menge, -n	crowd, quantity
eine ganze Menge	quite a lot
die Mensa, *pl.* die Mensen	student cafeteria
der Mensch (des, dem, den Menschen), *pl.* die Menschen	person, human being, man
kein Mensch	nobody
menschlich	human, humane
messen (er mißt), maß, hat gemessen	to measure
der/das Meter, -	meter (1.09 yards)
die Miete, -n	rent
der Mieter, -	tenant
die Million, -en	million
der Millionär, -e	millionaire
die Millionärin, -nen	millionairess
mindestens	at least, at the very least
das Mindestgewicht	minimum weight
die Minute, -n	minute
von mir aus	as far as I am concerned
mischen, mischte, hat gemischt	to mix
der Mitbewohner, -	roommate
mitkommen, kam mit, ist mitgekommen	to come along
mitnehmen (er nimmt mit), nahm mit, hat mitgenommen	to take along
der Mittag, -e	noon
das Mittagessen, -	lunch
die Mittagspause, -n	lunch break

die Mitte, -n	middle, center
das Mittelmeer	Mediterranean (Sea)
der Möbelwagen, -	moving van
ich möchte	I would like to
mögen (er mag), mochte, hat gemocht (*as modal* hat mögen)	to like to
möglich	possible
wenn irgend möglich	if at all possible
der Mokka	mocha
der Monat, -e	month
monatlich	monthly
der Mönch, -e	monk
der Montag, -e	Monday
morgen	tomorrow
der Motor, -en	engine
der Motorlärm/der Motorenlärm	engine noise
die Mühe, -n	trouble, pains
mit Mühe und Not	at great pains
mühsam	painful, laborious, with difficulty
München	Munich
München 1860	name of a Munich soccer team
der Münchner, -	(male) inhabitant of Munich
die Münchnerin, -nen	(female) inhabitant of Munich
das Museum, *pl.* die Museen	museum
musikalisch	musical (*adj.*)
der Musiker, -	musician
müssen (er muß), mußte, hat gemußt (*as modal* hat müssen)	to have to, must
der Mut	courage
nur Mut!	take courage!
die Mutter, ̈	mother
der Nachbar (des, dem, den Nachbarn *or* des Nachbars, dem, den Nachbar), *pl.* die Nachbarn	(male) neighbor
die Nachbarin, -nen	(female) neighbor
der Nachhilfelehrer, -	tutor
der Nachhilfeschüler, -	tutor's student, tutee
der Nachhilfeunterricht	toturing, tutor's lesson
der Nachmittag, -e	afternoon
die Nachricht, -en	news, information
die Nachspeise, -n	dessert
nächst	next
der Nachteil, -e	disadvantage, drawback
nachts	at night
der Nagel, ̈	nail
nahe	close by, nearby
der Name (des Namens, dem, den Namen), *pl.* die Namen	name
nämlich	namely, you know, to wit
natürlich	natural(ly), of course
die Nebenstraße, -n	side street
nehmen (er nimmt), nahm, hat genommen	to take
nennen, nannte, hat genannt	to call, to name

das Nest, -er	nest
nett	nice, kind
so nett sein ...	to be nice enough, to be so nice
das Netz, -e	net
neu	new
neun	nine
der Neupreis, -e	factory price
Neuseeland	New Zealand
gar nicht/gar kein	not at all/no ... at all
nicht wahr?	isn't that true? aren't you?
nichts	nothing
für nichts und wieder nichts	totally in vain
nie	never
noch nie	never before
nie wieder	never again
die Niederlande	the Netherlands, Holland
Niedersachsen	Lower Saxony
der Niederschlag, *pl.* die Niederschläge	precipitation
niederschlagsfrei	without precipitation
niemand	nobody
nimmermehr	never again, never
noch/noch immer/immer noch	still
noch nicht/noch kein	not yet
der Norden	north
im Norden	in the north
nach Norden	to the north
Nordrhein-Westfalen	North Rhine-Westphalia
die Nordsee	North Sea
normalerweise	normally
Norwegen	Norway
die Not, ¨e	trouble, pains, emergency, difficulty
die Note, -n	grade
nötig	necessary
im Nu	in no time
die Nuckelpinne, -n	jalopy, old clunker
die Nudel, -n	noodle
von nun an	from now on
nur	only
die Nuß, *pl.* die Nüsse	nut

von oben bis unten	from top to bottom
das Obst	fruit
der Obstsalat, -e	fruit cocktail
der Ofen, ¨	oven, stove
offen	open, frank
offen gesagt	frankly
offiziell	official(ly)
öffnen, öffnete, hat geöffnet	to open
oh je!	oh dear!
ohne	without
das Ohr, -en	ear
ohrenbetäubend	deafening
der Oktober, -	October
optimistisch	optimistic

der Orangensaft	orange juice
die Ordnung, -en	order
in Ordnung	all right, in order
organisieren, organisierte, hat organisiert	to organize
örtlich	local
die Ortschaft, -en	village, settlement
der Osten	east
Österreich	Austria
die Ostsee	Baltic Sea
das Paar, -e	couple, pair
packen, packte, hat gepackt	to pack
die Packung, -en	pack
der Palast, *pl.* die Paläste	palace
die Panne, -n	breakdown
der Paprika, -s	green pepper
parken, parkte, hat geparkt	to park
der Parkplatz, *pl.* die Parkplätze	parking place
der Partner, -	partner
die Party, *pl.* die Parties	party
passend	suitable
jemandem passieren, passierte, ist passiert	to happen to someone
die Patsche, -n	tight spot, pinch
in der Patsche sitzen	to be in a scrape, fix, jam
das Pech	bad luck
Pech haben	to be in trouble, to have no luck
der Pechvogel, *pl.* die Pechvögel	unlucky person
die Person, -en	person
pro Person	per person
der Pessimismus	pessimism
die Pferdestärke, -n	horsepower
der Pfirsich, -e	peach
die Pflicht, -en	duty, obligation
die Pfote, -n	paw
das Pfund, -e	pound
phantastisch/fantastisch	fantastic
die Pistole, -n	pistol, gun
der Plan, ⸚e	plan
der Platz, ⸚e	room, space, seat, square, place
platzen, platzte, ist geplatzt	to burst, to explode
plötzlich	sudden(ly), all of a sudden
Polen	Poland
die Polizei	police
der Polizist (des, dem, den Polizisten), *pl.* die Polizisten	policeman
der Polterabend	eve of the wedding party
poltern, polterte, hat gepoltert	to make a racket, to rumble
Pommern	Pomerania
pommes frites (*French*)	French fries
Prag	Prague
praktisch	practical, handy, useful
die Praxis, *pl.* die Praxen	doctor's office

der Preis, -e	price
um keinen Preis	in no way, on no account
pro	per
das Problem, -e	problem, difficulty
der Professor, -en	professor
das Programm, -e	program
prophezeien, prophezeite, hat prophezeit	to forecast, to predict
Prost!/Prosit!	cheers!
der Prozess, -e	trial
die Prügelei, -en	brawl, row, free-for-all
sich (*acc.*) prügeln, prügelte sich, hat sich geprügelt	to have a fight
der Pudding, -e	pudding
der Pudel, -	poodle
putzen, putzte, hat geputzt	to clean
die Qualität, -en	quality
quietschen, quietschte, hat gequietscht	to screech, to squeak, to squeal
die Rache	revenge
die Radarfalle, -n	speed trap, radar trap
das Radio, -s	radio
die Radtour, -en	bicycle trip
die Rakete, -n	rocket
der Rand, ⸚er	edge, brink, brim
außer Rand und Band sein	to be completely out of hand, out of bounds
rasen, raste, ist gerast	to speed, to race
der Rat	advice
raten (er rät), riet, hat geraten	to advise; to guess
das Ratespiel, -e	guessing game
die Raumfähre, -n	space shuttle
die Raumfahrt, -en	space travel
das Recht, -e	right, law
mit Recht	with good reason, justly
recht haben	to be right, to be correct
jemandem recht sein	to be all right with someone
recht	right (*direction*)
rechts	on the right
rechtzeitig	in time, punctual
die Rede, -n	speech, talk
nicht der Rede wert sein	not to be worth speaking about, speaking of
reden, redete, hat geredet	to talk, to chat
die Redensart, -en	idiom, expression
die Redewendung, -en	idiom, expression
der Regen, -	rain
die Regie	direction (*for film, theater*)
die Regierung, -en	government
regnen, regnete, hat geregnet	to rain
reich	rich
der Reifen, -	tire
die Reihe, -	row, file, turn
an der Reihe sein mit (+ *dat.*)	to be one's turn

die Reise, -n	trip, journey
reparieren, reparierte, hat repariert	to repair
das Restaurant, -s	restaurant
das Rezept, -e	prescription, recipe
Rheinland-Pfalz	Rhineland-Palatinate
richtig	right, correct
der Riese, -n	giant
die Riesenüberraschung, -en	great surprise
riesig	great, gigantic
das Risiko, *pl.* die Risiken	risk
das Roastbeef	roast beef
das Rokoko	rococo
die Rolle, -n	role, part
eine Rolle spielen	to play a role, to play a part
der Roman, -e	novel
romantisch	romantic
röntgen (er röntgt), röntgte, hat geröntgt	to X-ray
der Rosengarten *pl.* die Rosengärten	rose garden
die Rosine, -n	raisin
rot	red
der Rücken, -	back
der Rucksack, *pl.* die Rucksäcke	knapsack
rufen, rief, hat gerufen	to call
die Ruhe	peace, calm, quiet
in aller Ruhe	quietly, calmly, without rushing
jemanden in Ruhe lassen	to leave someone alone, in peace
ruhig	quiet
Rußland	Russia
die Sache, -n	matter, thing
Sachsen	Saxony
Sachsen-Anhalt	Saxony-Anhalt
der Sack, ⸚e	bag, sack
saftig	juicy
sagen, sagte, hat gesagt	to say
ehrlich gesagt	frankly
die Sahne	cream
der Salat, -e	salad, lettuce
das Salz, -e	salt
der Samstag, -e	Saturday
der Sänger, -	(male) singer
die Sängerin, -nen	(female) singer
satt	satiated, full
etwas satt haben	to be fed up with something
sauber	clean
die Sauce, -n	sauce, gravy
der Sauerbraten, -	sauerbraten
das Sauerkraut	sauerkraut
der Schäferhund, -e	German shepherd
der Schal, -s	scarf
die Schale, -n	bowl, dish, basket
schauen, schaute, hat geschaut	to look
der Schauer, -	shower (*rainstorm*)
der Scheck, -s	check

die Scheibe, -n	slice
scheinen, schien, hat geschienen	to shine; to appear
der Scheinwerfer, -	headlight
jemandem etwas schenken, schenkte, hat geschenkt	to give a present to someone
die Scherbe, -n	shard, broken piece
der Schi, -er	ski
schick	chic, elegant
schicken, schickte, hat geschickt	to send
schifahren/schilaufen	to ski
der Schihang, pl. die Schihänge	ski slope
Schilanglauf	cross-country skiing
Schilanglauf machen	to go cross-country skiing
der Schilift, -e	ski lift
schimpfen, schimpfte, hat geschimpft	to scold, to grumble, to yell
der Schistiefel, -	ski boot
das Schlachtfeld, -er	battlefield
schlafen (er schläft), schlief, hat geschlafen	to sleep
der Schläfer, -	sleeper
die Schlagsahne	whipped cream
die Schlange, -n	line; snake
schlecht	bad
schließen, schloß, hat geschlossen	to close, to lock
schließlich	final(ly)
schließlich und endlich	after all
schlimm	bad
der Schlips, -e	tie
der Schlittschuh, -e	skate
Schlittschuh laufen	to skate
das Schloß, pl. die Schlösser	castle, palace
der Schluß, pl. die Schlüsse	end, close
Schluß machen mit (+ *dat.*)	to put an end to something, to end, to finish, to stop
schmecken, schmeckte, hat geschmeckt	to taste
der Schmorbraten, -	pot roast
schmücken, schmückte, hat geschmückt	to decorate
schmusen, schmuste, hat geschmust	to neck, to smooch
schmutzig	dirty
die Schnauze, -n	mouth (*of animals*), snout
der Schnauzer	schnauzer (a breed of dog)
der Schnee	snow
schneien, schneite, hat geschneit	to snow
schnell	fast, rapid
das Schnitzel, -	pork or veal loin cutlet
die Schokolade, -n	chocolate
die Schokoladenstreusel (*pl.*)	chocolate sprinkles
die Schokolinsen (*pl.*)	M & Ms
schön	beautiful, nice
der Schoßhund, -e	lapdog
schreiben, schrieb, hat geschrieben	to write
schreien, schrie, hat geschrien	to scream
der Schritt, -e	step
auf Schritt und Tritt	at every step, everywhere
die Schule, -n	school
der Schüler, -	(male) pupil, student

die Schülerin, -nen	(female) pupil, student
die Schulter, -n	shoulder
die Schultern zucken	to shrug one's shoulders
schunkeln, schunkelte, hat geschunkelt	to sway (*arms linked*)
der Schütze	Sagittarius
Schwabing	name of university district in Munich
schwach	weak
der Schwanz, ⸚e	tail
schwarz	black
die Schweinehaxe/Schweinshaxe, -n	pig's knuckle
das Schweineschnitzel, -	pork cutlet
die Schweiz	Switzerland
schwer	heavy, heavily, difficult, with difficulty
die Schwierigkeit, -en	difficulty, problem
jemandem Schwierigkeiten machen	to give someone trouble
schwimmen, schwamm, ist geschwommen	to swim
sechs	six
sechzig	sixty
der See, -n	lake
die See, -n	sea, ocean
die Seele, -n	soul
die Seelenruhe	peace of mind, coolness
in aller Seelenruhe	coolheaded, calmly
das Segelboot, -e	sailboat
segeln, segelte, ist gesegelt	to sail
sehen (er sieht), sah, hat gesehen	to see
mit eigenen Augen sehen	to see for oneself
sein (er ist), war, ist gewesen	to be
seit	since (*for time only*)
seit eh und je	from time immemorial
seit jeher	from time immemorial
die Seite, -n	side
die Seitenstraße, -n	side street
die Sekretärin, -nen	secretary
der Sekt, -e	champagne
selbst	oneself, for oneself, personally, in person
selbständig	independent
die Selbstkontrolle	self-control
selbstverständlich	of course, naturally; obvious, self-evident
selten	rare(ly)
seltsam	strange, odd, peculiar
das Semester, -	semester
das Seminar, -e	seminar
die Seminararbeit, -en	paper for a seminar
die Sendereihe, -n	TV series
der Sendeschluß	end of transmission
die Sendung, -en	program, report, film (*on TV*)
Seppl	nickname of Bavarians (from Joseph), comparable to Sam for Americans
der September, -	September
setzen, setzte, hat gesetzt	to put something down, to set something down
sich (*acc.*) setzen	to sit down
sich (*dat.*) etwas in den Kopf setzen	to resolve to do something, to make up one's mind to do something
sicher	certain(ly), sure(ly)

singen, sang, hat gesungen	to sing
der Sinn, *pl.* die Sinne	sense, point, meaning; senses
keinen Sinn haben	to make no sense, to be of no use
sinnlos	senseless, useless, meaningless
sinnlos sein	to make no sense, to be of no use
die Sitte, -n	custom, habit
sitzen, saß, hat gesessen	to sit
der Skorpion	Scorpio
sofort	right away, immediately
sogar	even
der Sohn, ⁻e	son
sollen (er soll), sollte, hat gesollt (*as modal* hat sollen)	to be supposed to, to be said to, ought to
der Sommer, -	summer
das Sonderangebot, -e	special offer, sale
sondern	but (*after a negation*)
der Sonnabend, -e	Saturday
die Sonne, -n	sun
der Sonnenschein	sunshine
der Sonntag, -e	Sunday
sonst	otherwise
die Sorge, -n	worry
sorgen für (+ *acc.*), sorgte, hat gesorgt	to take care of, to care for
sowas/so etwas	something like that, such a thing
Spanien	Spain
sparen, sparte, hat gespart	to save (money *for ex.*)
der Spaß, *pl.* die Späße	joke, fun
jemandem Spaß machen	to have fun with, to amuse someone
Spaß beiseite	no joke, seriously
spät	late
der Speck	bacon
die Speisekarte, -n	menu
die Spezialität, -en	specialty
speziell	special, specific
das Spiegelei, -er	fried egg, sunny-side up
das Spiel, -e	game, play
spielen, spielte, hat gespielt	to play
eine Rolle spielen	to play a role, to be relevant
spitz	pointed, sharp
der Spoiler, -	spoiler
spontan	spontaneous
sprechen (er spricht), sprach, hat gesprochen	to speak
sprechen mit (+ *dat.*)	to speak with
sprechen über (+ *acc.*)	to talk about
sprechen von (+ *dat.*)	to talk of
springen, sprang, ist gesprungen	to jump
der Sprung, ⁻e	jump
spülen, spülte, hat gespült	to rinse, to wash
die Stadt, ⁻e	city
stark	strong
starten, startete, ist gestartet	to start
stehen, stand, hat gestanden	to stand
der Stein, -e	stone
der Steinbock	Capricorn
die Stelle, -n	place, spot
die Stellung, -en	position, job

der Stern, -e	star
der Stich, -e	sting, thrust
jemanden im Stich lassen	to leave someone in the lurch, to abandon someone, to walk out on someone
der Stier	Taurus
stimmen, stimmte, hat gestimmt	to be correct
das stimmt!	that's right!
das Stipendium, *pl.* die Stipendien	scholarship, stipend
der Stock, *pl.* die Stockwerke	story, floor
stolpern, stolperte, ist gestolpert	to stumble
stoppen, stoppte, hat gestoppt	to stop
die Strafe, -n	fine, punishment
die Straße, -n	street
die Straßenecke, -n	street corner
das Straßenschild, -er	street sign
der Straßenverkehr	traffic
streicheln, streichelte, hat gestreichelt	to stroke, to pet
der Streit, -e	fight, quarrel
streiten, stritt, hat gestritten	to quarrel, to fight
sich (*acc.*) streiten mit (+ *dat.*)	to quarrel with
das Stück, -e	piece
der Student (des, dem, den Studenten), *pl.* die Studenten	(male) student
das Studentenheim, -e	dormitory
die Studentin, -nen	(female) student
das Studiengeld, -er	tuition
studieren, studierte, hat studiert	to study
das Studium, *pl.* die Studien	studies
die Stunde, -n	hour
die Stundengeschwindigkeit, -en	speed per hour
die Suche, -n	search
suchen, suchte, hat gesucht	to seek, to search for
der Süden	south
der Supermarkt, *pl.* die Supermärkte	supermarket
die Suppe, -n	soup
süß	sweet, dear
sympathisch	friendly, nice, pleasant
jemandem sympathisch sein	to be liked by someone
die Tablette, -n	pill
der Tag, -e	day
guten Tag!	hello! hi!
jeden Tag	every day
tagaus, tagein	day in and day out
tagelang	for days
der Tannenbaum, *pl.* die Tannenbäume	Christmas tree
die Tante, -n	aunt
tanzen, tanzte, hat getanzt	to dance
die Tasche, -n	bag
die Tat, -en	act, action
auf frischer Tat	red-handed, in the act
jemanden auf frischer Tat ertappen	to catch someone in the act
tatsächlich	indeed, in fact, really
tausend	thousand
Tausende von Studenten	thousands of students
die Technik	technology

der Tee, -s	tea
der Teenager, -	teenager
teilen, teilte, hat geteilt	to divide
sich (*dat.*) etwas teilen	to divide something between each other
das Telefon/das Telephon, -e	telephone
der Teller, -	plate
der Tellerwäscher, -	dishwasher (*person*)
das Temperament, -e	temper, temperament
die Temperatur, -en	temperature
der Tennisball, *pl.* die Tennisbälle	tennis ball
teuer	expensive
der Teufel, -	devil
der Text, -e	text, words
das Theater, -	theater
die Theaterkarte, -n	theater ticket
das Thema, *pl.* die Themen	topic, subject
Thüringen	Thuringia
der Tiefdruck	low pressure
die Tiefsttemperatur, -en	lowest temperature
Tirol	Tyrolia
der Tirolerhut, *pl.* die Tirolerhüte	Tyrolian hat
der Tisch, -e	table
die Tochter, ⸚	daughter
der Tod, -e	death
toll	great, excellent, crazy
die Tomate, -n	tomato
das Tor, -e	goal; gate
tot	dead
total	complete(ly), total(ly)
der Tourist (des, dem, den Touristen), *pl.* die Touristen	(male) tourist
die Touristin, -nen	(female) tourist
die Tradition, -en	tradition
tragen (er trägt), trug, hat getragen	to wear; to carry
die Tragepackung mit 6 Flaschen	six-pack
der Traum, ⸚e	dream
träumen von (+ *dat.*), träumte, hat geträumt	to dream of
traurig	sad
traurig sein über (+ *acc.*)	to be sad about
treffen (er trifft), traf, hat getroffen	to meet
treten (er tritt), trat, ist/hat getreten	to step; to kick
trinken, trank, hat getrunken	to drink
das Trinken	drinking, drink
der Tritt, -e	step, tread, kick
auf Schritt und Tritt	at every step, everywhere
tropfen, tropfte, hat getropft	to drip
trotzdem	nevertheless, in spite of that
die Tschechoslowakei	Czechoslovakia
tschechoslowakisch	Czechoslovakian (*adj.*)
tun, tat, hat getan	to do
jemandem leid tun	to feel sorry about
es tut mir leid!	I am sorry!
nichts zu tun haben wollen mit (+ *dat.*)	to refuse to have anything to do with
Tunesien	Tunisia
die Tür, -en	door
typisch	typical

über	above, over
überall	everywhere
übereilt	precipitately
der Überfall, *pl.* die Überfälle	attack, assault, holdup
überfallen (er überfällt), überfiel, hat überfallen	to attack, to hold up
der Überfluß	abundance, profusion
der Übergang, *pl.* die Übergänge	crossing; transition
überhaupt	on the whole, actually
überhaupt nicht/überhaupt kein	not a bit, not at all
überlegen, überlegte, hat überlegt	to consider, to figure out
überrascht sein	to be surprised
die Überraschung, -en	surprise
die Überstunde, -n	overtime
es bleibt mir nichts anderes übrig	I have no other choice
übrigens	by the way
die Uhr, -en	clock, watch
um elf Uhr	at eleven o'clock
sich (*acc.*) umdrehen, drehte sich um, hat sich umgedreht	to turn around
umgeben sein von (+ *dat.*)	to be surrounded by
umgekehrt	on the contrary, just the opposite
umsonst	in vain
unbändig	unruly
unbedingt	absolute(ly)
unerheblich	inconsiderable, trifling, irrelevant
der Unfall, *pl.* die Unfälle	accident
unfallfrei	without accident
Ungarn	Hungary
ungefähr	approximate(ly)
ungerecht sein gegen (+ *acc.*)	to do someone an injustice
ungestört	peaceful, undisturbed
unglaublich	unbelievable
unglücklicherweise	unfortunately
unhöflich	impolite
die Universität, -en	university
unmöglich	impossible; not possibly
unpraktisch	impractical, useless
das Unrecht	injustice
Unrecht haben	to be wrong
jemandem Unrecht tun	to do someone an injustice
die Untat, -en	crime, misdeed
bei der Untat	in the act, while committing a crime
von oben bis unten	from top to bottom
sich (*acc.*) unterhalten mit (+ *dat.*), (er unterhält sich), unterhielt sich, hat sich unterhalten	to talk with, to converse with
untersuchen, untersuchte, hat untersucht	to examine, to investigate
die Untersuchung, -en	examination, investigation
unterwegs	on the road, on one's way
unterwegs sein	to be on one's way, to be out on the road
der Urlaub, -e	vacation
die Vanille	vanilla
der Vater, ⁻	father

die Veränderung, -en	change
das Verbot, -e	prohibition, interdiction
verdienen, verdiente, hat verdient	to earn, to deserve
der Verein, -e	club
vergessen (er vergißt), vergaß, hat vergessen	to forget
vergiften, vergiftete, hat vergiftet	to poison
das Vergnügen, -	fun, pleasure, entertainment
verhindern, verhinderte, hat verhindert	to prevent, to hinder
verkaufen, verkaufte, hat verkauft	to sell
der Verkäufer, -	salesman, assistant, salesclerk
die Verkäuferin, -nen	saleswoman, assistant, salesclerk
der Verkehr	traffic
das Verkehrszeichen, -	traffic sign
sich (*acc.*) verkleiden, verkleidete sich, hat sich verkleidet	to disguise oneself
verlassen (er verläßt), verließ, hat verlassen	to leave
verletzen, verletzte, hat verletzt	to hurt, to injure
sich (*acc.*) verletzen	to injure oneself
sich (*acc.*) verlieben, verliebte sich, hat sich verliebt	to fall in love
verliebt sein in (+ *acc.*)	to be in love with
verlieren, verlor, hat verloren	to lose
sich (*acc.*) verloben mit (+ *dat.*), verlobte sich, hat sich verlobt	to get engaged to
die Verlobung, -en	engagement
vermutlich	presumable, probable; probably, I suppose
vernünftig	reasonable
verreisen, verreiste, ist verreist	to take a trip
verrosten, verrostete, ist verrostet	to rust, to corrode
verrückt	crazy
verrückt werden	to go crazy, to lose one's mind
verschlafen (er verschläft), verschlief, hat verschlafen	to oversleep
verschwenden, verschwendete, hat verschwendet	to waste, to squander
das Versehen, -	mistake, blunder, oversight
jemandem etwas versprechen (er verspricht), versprach, hat versprochen	to promise something to someone
der Verstand	mind, reason, intelligence
den Verstand verlieren	to lose one's mind, to go crazy
verstehen, verstand, hat verstanden	to understand
sich (*acc.*) verstehen mit (+ *dat.*), verstand sich, hat sich verstanden	to get along with, to be friends with
die Verteidigung, -en	defense
verurteilen, verurteilte, hat verurteilt	to convict, to condemn
der Verwandte (des, dem, den Verwandten), *pl.* die Verwandten	(male) relative
die Verwandte (der, der Venwandten, die Verwandte), *pl.* die Verwandten	(female) relative
vielleicht	maybe
das Vitamin, -e	vitamin
das Volkslied, -er	folk song
die Volksmusik	folk music
völlig	full(y), complete(ly)
von mir aus	as far as I am concerned

von nun an	from now on
die Vorfahrt	right-of-way
vorgestern	day before yesterday
etwas vorhaben (er hat vor), hatte vor, hat vorgehabt	to plan something, to have something in mind
vorher	beforehand
die Vorhersage, -n	prediction
vorig	last
vorigen Monat	last month
sich (*dat.*) etwas vornehmen (er nimmt... vor), nahm... vor, hat... vorgenommen	to resolve to do something, to plan on something
der Vorort, -e	suburb
der Vorschlag, *pl.* die Vorschläge	suggestion, proposal
jemandem einen Vorschlag machen	to make a suggestion to someone
jemandem etwas vorschlagen (er schlägt vor), schlug vor, hat vorgeschlagen	to suggest something to someone
etwas vorsehen (er sieht vor), sah vor, hat vorgesehen	to plan something
die Vorsicht	caution, prudence
vorsichtig	cautious, careful
jemanden vorstellen, stellte vor, hat vorgestellt	to introduce someone, to present someone
sich (*dat.*) etwas vorstellen	to imagine something, to figure something
der Vorteil, -e	advantage, merit
VW = *abbr. of* Volkswagen	
VW-Golf	VW Rabbit
die Waage	Libra
der Wachhund, -e	watchdog
wagen, wagte, hat gewagt	to dare
die Wahl, -en	choice
keine andere Wahl haben	to have no other choice, to have to do something
wahnsinnig	crazy
wahr	true
während (+ *gen.*)	during
die Wahrheit, -en	truth
wahrnehmen (er nimmt wahr), nahm wahr, hat wahrgenommen	to perceive, to notice, to make use of (an occasion)
die Gelegenheit wahrnehmen	to seize an opportunity
die Wallfahrt, -en	pilgrimage
die Wand, ¨e	wall
wandern, wanderte, ist gewandert	to hike
wann	when (*asking for time*)
das Warenhaus, *pl.* die Warenhäuser	department store
warm	warm
warum	why
Warschau	Warsaw
waschen (er wäscht), wusch, hat gewaschen	to wash
das Wasser	water
der Wassermann	Aquarius
die Wassermelone, -n	watermelon
wechseln, wechselte, hat gewechselt	to change, to shift
wechselnd	shifting, changing

weder ... noch	neither ... nor
der Weg, -e	way, path, street
auf dem Weg sein	to be on one's way, to be on the road
sich (*acc.*) auf den Weg machen	to set out, to start
weg	away
wegen (+ *gen.*)	because of
jemandem etwas wegnehmen (er nimmt weg), nahm weg, hat weggenommen	to take something away from someone
sich (*acc.*) wehren gegen (+ *acc.*), wehrte sich, hat sich gewehrt	to defend oneself against
Weihnachten	Christmas
das Weihnachtsgeschenk, -e	Christmas present
das Weihnachtslied, -er	Christmas carol
der Weihnachtsmann, *pl.* die Weihnachtsmänner	Santa Claus
die Weile	(space of) time, while
eine ganze Weile	for quite a while
der Wein, -e	wine
weiß	white
weit	far
weit weg	far away
und so weiter	and so on, etc.
weiterfahren (er fährt weiter), fuhr weiter, ist weitergefahren	to drive on
weitergehen, ging weiter, ist weitergegangen	to go on, to walk on, to continue
weitermachen, machte weiter, hat weitergemacht	to carry on, to continue
weitgehend	largely
der Weltkrieg, -e	world war
wenig	little, few
ein wenig	a little bit
wenigstens	at least
werden (er wird), wurde, ist geworden	to become
wert	worth
der Westen	west
das Wetter	weather
der Wetterdienst, -e	weather service
wichtig	important
der Widder	Aries
wie	how
wie geht's?	how are things? how are you doing?
wieder	again
hin und wieder	now and then
wiederfinden, fand wieder, hat wiedergefunden	to rediscover, to find again
die Wiederholung, -en	repetition, repeat
wiederkommen, kam wieder, ist wiedergekommen	to come back, to return
das Wiedersehen, -	reunion
wiegen, wog, hat gewogen	to weigh
Wien	Vienna
wieviel	how much
der Wille(n)	will
beim besten Willen (+ *negation*)	not for the life of me, as much as one should like to

der Wind, -e	wind
der Winter, -	winter
wirklich	real(ly)
wissen (er weiß), wußte, hat gewußt	to know (facts)
Bescheid wissen	to be fully informed, to know
nichts wissen wollen von (+ *dat.*)	to refuse to have anything to do with
wo	where
die Woche, -n	week
das Wochenende, -n	weekend
wöchentlich	weekly
wohl	well, probably
sich (*acc.*) wohlfühlen, fühlte sich wohl, hat sich wohlgefühlt	to feel well, to feel healthy
wohnen, wohnte, hat gewohnt	to live, to reside
die Wohngemeinschaft, -en	a group of friends sharing an apartment, a commune
die Wohnung, -en	apartment
der Wohnungskollege (des, dem, den Wohnungskollegen), *pl.* die Wohnungskollegen	(male) roommate
die Wohnungskollegin, -nen	(female) roommate
der Wohnungspartner, -	(male) roommate
die Wohnungspartnerin, -nen	(female) roommate
die Wohnungstür, -en	apartment door
das Wohnzimmer, -	living room
die Wolke, -n	cloud
wolkenlos	cloudless, clear
wollen (er will), wollte, hat gewollt (*as modal* hat wollen)	to want
das Wort, *pl.* die Wörter/die Worte	word
wunderbar	wonderful
die Wurst, ⸚e	sausage
das Würstchen, -	(small) sausage, frankfurter
zählen, zählte, hat gezählt	to count
der Zahn, ⸚e	tooth
zart	tender
zehn	ten
das Zeichen, -	sign
die Zeit, -en	time
keine Zeit haben	to have no time
höchste Zeit	high time
in der letzten Zeit/in letzter Zeit	lately, recently
die Zeitung, -en	newspaper
zeitweise	at times
das Zelt, -e	tent
zelten, zeltete, hat gezeltet	to camp
der Zeltplatz, *pl.* die Zeltplätze	campground
der/das Zentimeter, -	centimeter (0.39 inches)
das Zentrum, *pl.* die Zentren	center
zerbrechen (er zerbricht), zerbrach, hat zerbrochen	to break
sich (*dat.*) den Kopf zerbrechen	to rack one's brain
zerstören, zerstörte, hat zerstört	to destroy
das Zeug	stuff

das Ziel, -e	goal, destination
ziemlich	rather, quite, fairly
das Zimmer, -	room
das Zimmermädchen, -	chambermaid
die Zitrone, -n	lemon
züchten, züchtete, hat gezüchtet	to breed
zucken, zuckte, hat gezuckt	to twitch, to quiver, to flicker
der Zucker	sugar
zudrücken, drückte zu, hat zugedrückt	to press shut, to press closed
zueinander	to each other
zuerst	at first
zufrieden	content, satisfied
jemandem zuhören, hörte zu, hat zugehört	to listen to someone
die Zukunft	future
in Zukunft	from now on, in the future
jemandem zuliebe	for someone's sake
zumachen, machte zu, hat zugemacht	to close, to shut
zusammen	together
zusammenbleiben, blieb zusammen, ist zusammengeblieben	to stay together
der Zuschauer, -	spectator
der Zustand, *pl.* die Zustände	state, condition
etwas zustande bringen	to manage, to bring about
zuviel	too much
zwei	two
die Zwillinge	Gemini
zwischen	between
die Zwischenzeit	meantime
in der Zwischenzeit	in the meantime
zwölf	twelve